부자의 시크릿은
영업에 있다

남미순 지음

부자의
시크릿은
영업에
있다

남미순 지음

뜻있는도서출판

저자의 말

그날 아침 엄마는 오빠를 야멸차게 쫓아냈다. 쫓아내기 전 밥상은 차려주고 다시는 오지 말라고 엄포를 놓았다.

앉은뱅이 오봉에 쭈그리고 앉아 눈물에 말은 밥을 꾸역꾸역 삼키는 오빠를 보며 벽에 걸어둔 엄마 몸뻬 가랑이 사이에 눈을 가리고 나도 울었다. 대구 직업훈련원으로 중학교를 졸업하자마자, 떠난 오빠는 엄마가 보고 싶었는지 주말마다 집에 왔다. 당시 한번 다녀가면 차비가 3천 원이었는데 그 돈도 챙겨주기에는 빠듯한 살림이다 보니 다시는 오지 말라고 한 번만 더 오면 너 죽고 나 죽는다고 엄마가 난리 통을 냈다.

그래도 오빠가 나무를 해오면 지게 짐이라도 한 짐을 해와서 든든했는데, 오빠가 끓여주던 국시 속에 가끔 보이던 퉁퉁불은 라면도 참 맛있었는데 그때 이후론 추억도 사라졌다.

엄마도 장사를 나가서 늦는 날이면 정신지체인 언니랑 동생은 내 몫이었다. 동생이랑 언니를 데리고 산에 가면 나뭇짐을 했다. 언니 머리에 얹혀 주고 동생은 솔가지를 끌게 해서 나뭇짐을 이고 끌고 내려오면 마당에 나무들이 제법 쌓였다. 장사를 다녀온 엄마는 땀을 훔치며 뿌듯해했다.

나중에 듣자 하니

"엄마가 죽었다고 연락이 오기전까진 절대로 오지 말거래이"

마지막 차비 3천 원을 쥐여주며 신신당부했다고.

"어무이가 나를 인간으로 만든 마지막 가르침이었데이." 오빠는 회고했다.

그리고 몇 해 뒤, 중학교 3학년 방학이 시작된 1983년 12월 어느 날, 오전 열 시 분천역에서 기차를 탔다. 영주에 내려 다시 버스를 타고 구미공단에 도착하니 오후 네 시가 넘어있었다. 구미시 공단동 267번지 동국방직으로 무작정 쳐들어가 일하겠다고 했다. 주민등록등본을 보더니 만 13세라고 입사를 거절했다. 근로기준법을 들먹이며 부모의 동의서를 받아오라고 했다. 다시 갈 수 없다고 버텼다.

그렇게 입사해서 1년에 딱 2번 3일씩 명절에만 쉬는 365일 중 359일을 일하는 방직공이 되었다. 산업체 부설고등학교도 진학했다.

하루 8시간 근무 하루 4교시 수업 그나마 고 3 진학반 때는 2교시를 더해 6교시를 했지만, 일반 학교에 비해 턱없이 모자라는 수업으로 대학 진학을 꿈꿨다.

꿈이 너무 야무졌을까? 엄마의 간절한 기도가 먹혔을까?

엄마가 원하는 대로 보기 좋게 떨어져서 오빠 장가 밑천도 대주고, 엄마

생활비도 대주고, 갚다가 왔을지언정 언니 시집갈 밑천도 대주고, 학교도 졸업 못 하고 세상을 등졌지만 동생 등록금도 대주고, 나는 톡톡히 엄마의 살림 밑천이 되었다. 나를 제대로 부려 먹은 엄마를 생각하면 가끔은 밉지만 그래도 생각해 본다. 그 시절로 돌아가서 다시 엄마가 원하면 어떻게 할까?

얼마 전 메리츠 엠 행사에서 설계사가 부르던 '엄마 꽃'을 들으며 꺽 꺽 눈물을 쏟았다. 엄마가 꽃인데 어떻게 거절하겠는가!

가끔, 산업체 특별전형으로 야간을 지원했으면 붙었을 텐데, 아쉬워하던 담임이 생각난다. 그래서 대학에 다녔다면 나는 보험왕이 되었을까? 본부장이 되었을까? 상무가 되었을까?

보험을 오래 하고 보니 '님'들로만 부를 수 없는 고객을 종종 만나기도 한다. 새댁이던 30대 초반이었다. 광고지를 주고 돌아서는 내 등 뒤로 장작불에 고기를 구워 먹다 말고 소금 뿌리던 안양 6동 공장 사장이 있었다. 그 덕에 염장이 잘 된 것일까? 나의 삶에는 곰팡이가 잘 피지 않았다.

작년 겨울 부천에서 북 클럽이 있었다. 후배본부장이 책을 출간했다. 감동이었다. 그런데 갑자기 한근태 대표가 나에게 내기를 걸었다.

"남 본부장 글 좀 써요? 오늘부터 당장 글을 써서 나에게 한 꼭지씩 보내봐요. 매일 한 꼭지씩 두 달이면 60꼭지니까 책 한 권이 됩니다. 글을 못 쓰면 1,000만원 벌금 물립니다. 벌금 받아서 여기 계신 본부장님들에게 드리겠습니다."

그렇게 매일 두 달을 새벽에 글을 보내면 어김없이 피드백이 왔다. 성실함과 진지함에 놀랐다. 한근태 대표님께 감사의 인사를 드린다.

"설계사가 행복한 회사! 설계사의 왕국! 을 만들겠습니다. 저는 메리츠를 그만둘 때 설계사를 모셔다 성대하게 잔치를 베풀고 물러나겠습니다."

2016년 7월 김용범 부회장의 결단이 있었다. 리더의 진심은 조직원들을 성장에 목메게 한다.

메리츠에 입사한 지 만 25년, 본부장이 된 지 6년이다. 나는 메리츠의 레전드가 되었다. 설계사가 행복한 회사! 설계사의 왕국!을 만들겠다는 김용범 부회장의 결단이 아니었다면 내가 어떻게 본부장이 될 수 있었을까? 과감히 유리천장을 걷어낸 메리츠와 김용범 부회장님께 깊은 감사의 인사를 드린다.

조련되지 않은 망아지를 잘 키워준 상사들, 메리츠의 임직원, 함께 눈물과 웃음을 나눴던 동료 설계사들, 동료 본부장들께 감사와 희망을 나누고 싶다.

안양탑본부 가족과 나에게 기꺼이 고객이 되어준 많은 단골 고객님들께 감사의 인사를 드리고 싶다. 일하는 엄마 때문에 많은 것을 양보한 누리와 이정이, 내 삶이 바닥이었을 때 동생에게 오랜 시간 기꺼이 피를 나눠준 지금의 남편에게도 무한한 감사를 전한다. 그리고 위대한 유산을 물려주고 하늘로 떠난 엄마 황순복 여사에게 이 책을 바친다.

2024년 가을 남이순

1부
고객이랑 놀아라

2부

손수레, 5톤 트럭이 되다

3부

동기 부여를 하는가? 스트레스를 주는가?

4부

꼭 내가 해야 한다는 생각을 버리다

5부

25년이지만 250년만큼 사셨네요!

1부

고객이랑
놀아라

Play With Your Customers

보험 계약은 갖가지 음식과 비교할 수 있다.
달걀 프라이처럼 쉬운 계약,
갈비찜처럼 오래 익혀야 되는 계약,
젓갈처럼 뭉그러져야 되는 계약도 있다.

직무 유기를 하셨군요!

You neglected your duties!

정년을, 한참 넘긴 FP님이 지방을 다녀오시겠다고 했다. 영업을 가나 보다 생각하구, 다녀오시라 했다. 사나흘이 지났나 보다. 지방에 가신 일은 잘되었는지 물으니, 동서가 죽어 장례를 치르고 왔단다. 사인은 급성심근경색이란다. 나는 보험왕 출신 관리자의 본색을 드러냈다. "혹시 보험은 좀 받으셨나요?" 하나도 못 받았다고 한다. 기가 막혔다. 잠시 고민하다 훈계를 시작했다.

"직무유기를 하셨군요!"

"가장 가까운 친척 컨설팅을 안 해 드리고 뭘 하셨을까요?'

벌겋게 달아오른 FP님을 뒤로 하고 돌아섰다.

그리고 두어 달 후 그 어르신 FP님이 또 부산을 다녀오셨는데, 이번에는 형님이 사망하셨단다.

사인은 새벽녘 바다낚시를 가려고 허겁지겁 떡을 먹다 기도가 막혀 돌아 가셨단다. 또다시 보험 왕 출신 관리자 본색을 드러냈다. 보험을 받으셨냐 고? 또 안 받으셨다고 한다. 기가 막히고 코가 막혔다. 이번에는 두 눈에 힘을 주며 두 손가락을 치켜세우며 조용히 호통을 쳤다.

"두 번째 직무 유기를 하셨군요!"

"월 만 원이면 상해사망 1억을 넣고도 남는데, 형님께서 돌아가신 건 안 타깝지만 조카들에게 보험금이 지급되면 조카들이 거절할까요? 감사하다 고 할까요?

충격을 받았는지, 다음 달부터 여러 달 가동을 하셨다.

그리고 한참을 또 열심히 출근만 하셨다.

지점장에게 물으니 본인 말은 듣지를 않는단다. 어르신이라 나름의 자 존감만 살아 있는지?

참다 참다 어르신을 면담하자고 옆자리로 모셨다. 왜 지점장에게 업무 협조 요청을 안 하는지 물으니 딱히 대꾸를 안 한다. 딱히 할 말이 있겠 는가?

정년퇴직 전까지 착실하게 직장 생활하다 보험회사라고 오긴 하셨는데, 보험이 당신 자존심을 훌쩍 던져 버리고 덤빌 만큼 쉬운 일은 아닐 터.

충분히 이해되고도 남았다. 하지만 어쩌란 말인가? 나는 보험회사의 본 부장이니 본분 상 잔소리를 하는 수 밖에 없다, 그것을 코칭으로 둔갑시켜 서 꼼꼼하고 차분하게 잔소리했다.

내 말이 끝나고 대답 없이 돌아가는 뒷모습을 보니 자괴감이 일었다.

본부장이 뭐라고, 나름 자부심으로 살아오셨을 당신에게 훈계 질이나 한단 말인가?

어르신이 우리 아버지라면, 오빠라면, 남편이라면, 생각이 거기에 미치자, 눈물이 쏟아졌다.

조회 시간에 죄송하다고 사과를 드렸다. 이놈의 본부장이 뭐라고, 지금껏 잘 살아오신 당신에게 훈계 질인지? 본부장이라서 죄송하다고 눈물을 흘리며 머리를 조아렸다. 영업 가족들 모두 눈시울을 붉힌 조회 시간이었다.

며칠 뒤, 지점장이랑 어르신이랑 점심 약속을 잡았다. 평촌 자유공원 앞 한맛식당으로 가서 소고기를 사드렸다. 살살 녹는 소고기 맛에 여기는 처음이라며 좋아하셨다.

왜 사는가? 왜 돈을 버는가?

사람답게 살려고 돈을 버는 것, 맛있는 소고기를 사드리니 짠하고, 기쁘고 뿌듯했다.

몇 달이 또 흘렀다. 독서토론 시간이었다. 어르신의 발표순서가 되었다. 잠시 뜸을 들였다. 그러더니 입을 여신다.

"오늘 접을까? 내일 접을까? 날마다 접는 연습을 합니다."

"뭘 접으셨어요? 종이학요? 종이배요? 많이 접으셨어요?"

모두 한바탕 웃었다.

이번 달에 어르신이 50p를 하셨다. 기다려 준 보람일까?

게으른 젊은이보다 간절한 어르신이 훨씬 귀하고 감사함을 새삼 느낀다.

무엇을 도와드릴까요?

How may I help you?

내 경험상 무뚝뚝하기 대회를 열면 1등은 당연히 경상도 출신이다. 전화기도 없었으니 전화 예절을 배울 수도 없었고, 친정엄마가 보따리 장사를 했으나, 보험영업이랑 비교가 되는가? 그러니 CS 예절은 꿈도 못 꿔보고 살았다. 먹고 살자니 영업은 해야 했고, 알피를 목에 알이 배고 피나 나도록 연습했지만, 응대 멘트가 영 어색했다. 당시는 '용건만 간단히'라는 스티커가 온통 전화기마다 도배되어 있을 때였다.

그러던 어느 날, 파출소 앞을 지나는데 간판이 눈에 들어왔다.

무엇을 도와드릴까요?

무릎을 쳤다. 그 당시 KT 고객센터에 전화를 걸면 상담원들이 '사랑합니다 고객님'이라는 멘트를 시작으로 전화를 받았다.

무엇을 도와드릴까요? 고객님!

바로, 이거다!

이때부터 무조건, 고객님, 무엇을 도와드릴까요? 라는 멘트를 시작으로 전화를 받았다. 그랬더니 다양한 반응이 쏟아졌다.

'도와준다고, 그래? 맞네, 도와줘.'

도움 주셔서 감사합니다.

보상 청구 좀 도와줘

설계 좀 도와줘

등등

도와드린다는 멘트는 반대로 콜을 할 때도 도움이 되었다.

고객님 혹시 도움을 드릴 일이 생기지 않으셨나요?

혹시 도움 필요하시면 전화 주세요.

개척할 때도 도움이 되었다.

'기존의 담당자로부터 서비스 잘 받고 계시는가요? 다른 회사 상품도 도움을 드릴 수 있습니다. 언제든 연락주세요, 도와드리겠습니다.'

지금이야 고객이 설계 동의를 하면 타 보험이 조회되는 시스템이지만 당시에는 생각조차 못 할 때였다. 보험금 청구를 여러 보험사에 하자면 우편료도 만만치 않아서, 이거 꼭 해드려야 하냐고, 직원이 물을 때가 많았다. 그래도 해야 한다. 영업은 오늘만 보면 안 되거든, 도우려면 제대로 도와야 한다. 그렇게 도왔던, 그 시절 고객들이 지금 나의 충성 고객들이다.

본부장이 된 지금은 영업 가족들에게 쉼 없이 외친다.

도움이 필요하시면 언제든 말씀해 주세요!

리더들과도 늘 회의한다. 울 본부 가족들을 어떻게 도울까요?

나의 하루는

"어떻게 도와드릴까요?'

"무엇을 도와드릴까요?" "언제든 도움이 필요하시면 말씀해 주세요?"

기브 관리로 시작되고 끝이 난다

2년 전 입사한, 타사 경력이 10년인 정현 팀장이 얼마 전, 훅 한마디 던졌다.

"본부장님 제가 왜 본부장님을 선택한 줄 알아요?, 본부장님이 저랑 처음 면담할 때 언제든 도움이 필요하면 도와줄게. 그렇게 말씀하셨어요, 저 그때 굉장히 쇼킹했잖아요, 그래서 선택했어요. ㅎㅎ"

말은 삶을 끌어가는 핸들이다. 별생각 없이 시작된 한마디지만, 그 한마디가 만들어 내는 힘은 크다. 그냥 도와주겠다는 말이 나를 배려가 몸에 밴 사람으로 만들고, 그 말 덕분에 보험왕이 되었다고 생각한다. 사실 보험은 남을 돕는 직업이다. 남을 도우면서 내가 성장하는 직업이다.

'자리이타 이타자리 自利利他 利他自利' 나를 이롭게 하고, 남을 이롭게 하고 모두를 이롭게 하는 것. 보다

'이타자리 자리이타' 남을 이롭게 하면 내가 이롭게 되고 모두가 이롭게 되는 것

내가 보험영업을 통해 얻게 된 귀한 삶의 가치관이다.

LESSON 03

달걀프라이, 갈비찜 그리고 젓갈 같은 계약들?

Contracts like fried eggs, braised ribs, and pickled seafood?

보험 계약은 갖가지 음식과 비교할 수 있다. 달걀 프라이처럼 쉬운 계약, 갈비찜처럼 오래 익혀야 되는 계약, 젓갈처럼 뭉그러져야 되는 계약도 있다. 생선 한 마리가 소금에 얻어 맞고 안팎이 푹 익는 젓갈이 되는 것처럼, 인내와 눈물 콧물과 애간장을 요구하는 계약들이다. 삶이 천태만상인 것처럼 계약도 그러하다. 가지가지 계약을 다 체결해 보려면 오래오래 견디는 연습이 필요하다. 신기한 건 음식도 맛이 다른 것처럼 계약의 맛도 다르다. 애간장을 태우는 계약의 경우 진행할 땐 고되지만 되고 나면 곰삭은 젓갈처럼 맛이 있고, 그만큼 성취감도 크다. 달걀 프라이 같은 계약은 게이트 계약이라고 한다. 니즈가 형성된 고객이 쉽게 가입한다. 갈비찜 같은 계약은 시간이 필요한 계약들이다, 컨설팅하거나 비교 견적을 내거나 공을 들여야 하는 계약들이다, 시간이나 에너지가 들어가는 만큼 계약이 많이 나오고 금액이 커지고, 소개도 많이 나온다. 젓갈 같은 계약은 속을 썩이는 고객들이다. 가슴을 수십 번 쓸어내리고, 그만큼의 인내가 필요하다. 인내를 요구하는 계약들이다. 포기하고 싶지만 한편에 묻어 두고 한 번씩 들여다보면 어느새 잘 익은 젓갈이 된다. 오래도록 일을 하면 다 먹을 수 있다.

보험을 시작할 때, 언니 둘에게 질문했다. 보험영업을 할 건데, 어떻게 생각하는지 물었다. 생소한 직업이라 겁도 났고, 도움을 받을 수 있을지 기대도 했다. 한 언니는 보험 힘들다던데, 그걸 왜 하냐? 말렸고, 다른 한 언니는 미순아, 한번 해봐 너를 알면 사람들이 너를 믿고 너에게 보험 가입을 할 거야, 잘해봐! 응원을 해줬다. 둘이 말렸어도 일을 할 수밖에 없었지만, 지금 생각해 보면 내 일을 선택함에 있어서 굳이 물을 필요가 있을까, 하는 생각이다.

친척을 찾아가서 어렵게 보험 얘기를 했는데, 한마디로 무 자르듯 거절한다. 상처받고 돌아서서 한참을 울었다. 친구를 찾아가서 어렵게 얘기해서 계약은 했지만, 고맙기는 한데, 내가 을이 된 기분이고, 빚진 기분이다. 하지만, 그 기분을 청산하는 데는 오랜 시간이 걸리지 않았다. 처음 제안했던 대로 사고를 당하면 보상 청구 서비스를 제대로 해줬기 때문에 오히려 계약은 되로 했어도 감사는 말로 받았다.

일을 하다보니 승부욕이 생겨났다. 황야의 무법자처럼 개척하고 싶었다. 당당히 내 실력을 검증하고 싶었다. 아침 6시에 출근해서 개척 물품을 만들었다. A4용지에 내가 좋아하는 시를 인쇄해 하루에 200장씩 돌리거나, 스포츠 신문을 돌리거나, 볼펜을 돌리거나, 내가 사기는 애매한데, 남이 주면 좋을 물품들을 사서 무작위로 돌렸다. 많이 쫓겨났다. 재수 없다고 소금을 뿌려대질 않나, 안 보면 말 것이지, 굳이 눈앞에서 전단을 찢어 버리질 않나, 많이 서러웠던 시간이다. 그러다 보니 눈치껏 전단을 두고 도망쳐 나오는 시간이 자주 생겨났다.

그러던 어느 날 전화가 왔다. 이 시 너무 좋은데, 남미순 씨가 쓴 게 맞냐고 한다. 그렇다고 하니, 한번 와보란다. 이런 시를 쓰는 사람이면 믿음이 간다고, 자동차를 사는데, 자동차보험 견적 좀 내 주고, 운전자 보험이랑 화재보험 설계도 해 주란다. 얼마나 감사한지, 그 기쁨을 어찌 말로 표현할 수 있을까? 스스로 대견해서 한참을 울었다. 그분은 안양에서 한정식을 운영하는 사장님이다.

충고는 돈 내고 하는 것

You have to pay to give advice

지난달 본부장 스터디가 있었다. 첫 시간은 소통을 주제로 강의를 진행했다. 강의 중 머리를 때리는 한마디가 있었다. 충고를 함부로 하지 말고, 숫제, 충고할 때는 허락을 받으라는 것이다. 그러면서 유재석의 유퀴즈를 소개했다. 10살 12살 여자아이 둘을 초대해서, 잔소리와 충고의 차이를 물었더니, 잔소리는 왠지 기분 나쁜데, 충고는 더 기분 나쁘다는 것이다. 강의 끝나고 유튜브를 검색해서 강의를 보니, 뭐! 이런 명언이, 머리를 띵! 크게 때린다.

교육 다녀오자마자, 충고할 때는 허락 받으라는 주제로 조회를 진행했다. 그리고 문제의 유튜브를 틀었다. 함께 명언을 듣고, 함께 빵! 웃으며 크게 띵! 했다.

"앞으로는 여러분께 충고드릴 때는 허락을 받겠습니다, 부디 허락 부탁드립니다. 허락해 주시겠습니까?" 물었다. 허락을 못 하시겠다고 한다. 이런 난감 할 때가? 잠시 어리둥절 대니, 윤명희 FP님이

"잠시만요, 좋은 안이 있어요?" 하신다.

앞으로 모셨다.

"저는 아들이 둘이 있는데요. 큰애하고 작은애하고, 아홉 살 차이가 납니다. 그러다 보니 첫아들은 귀하게 잘 키운다고 많이 팼습니다. 팼던 것이 미안해, 장가가기 전날 아들에게 장문의 편지를 써 주었습니다. 너 잘 되라고 때린 거지만 미안하다. 1등 못하고 1점 차이로 2등 했다고 죽도록 팼는데, 그것이 가슴이 찢어지도록 미안하다. 엄마는 2등도 못 해봤는데, 1등 하다가 2등 했다고 죽도록 패서 미안하다."

그러고는 밤새 울었습니다. 너무 미안하고 가슴 아프더군요.

그런데 큰애가 그러더군요. 어머니! 어머니께서는 저를 잘 키우신다고 패서 키우신 거 잘 압니다, 하지만 그것이 제게는 별 도움이 안 되었습니다, 그러니 동생은 그렇게 안 키우셨으면 좋겠습니다, 고 하더군요. 근데 둘째 놈은 어느 날, 혼을 냈더니, 네 살 된 놈이 아파트 베란다 난간에 올라서서 한쪽 다리는 바깥에 걸쳐 놓고 한마디만 더 하면 뛰어내린다고 협박하더군요. 식겁하고, 혼내기를 포기했지요. 그런데 이 둘째 놈은 말을 죽어라, 안 들어먹고, 혼을 내야 되는데, 잔소리도 해야 하는데, 뛰어내린다고 협박할까 겁났어요. 끙끙 앓다가, 어느 날 큰아들에게 얘기했더니, 어머니 제가 알아서 하겠습니다, 하더군요, 큰아들은 선생인데 강원도에 있습니다. 이튿날, 어머니 올라가겠습니다, 하더니 둘째 놈 통장으로 돈을

10만 원 부치고, 집에 도착해서는 동생아, 형이 동생 통장에다 10만 원 입금했다, 형이랑 나가서 10만 원어치 만큼만 얘기 들어주라, 별로 좋은 얘기는 아니지만, 형이 술 한잔도 사주마, 그러고는 데리고 나가서, 코가 삐뚤어지게 술 먹고 기분 좋게 어깨동무하고 들어 오더군요. 그 이후로도 큰애는 한 번씩 동생에게 충고가 필요할 때마다, 돈을 지불하고 충고를 한답니다.

우와! 모두 무릎을 쳤다.

나는 다시 우리 가족들에게 물었다.

"김민혁 매니저님! 제가 5만 원 드리면 5만 원어치 만큼 충고를 들어주시겠습니까?

"안 듣겠습니다, 한 10만 원 주시면 생각해 보겠습니다."

한지수 지점장님 제가 10만 원 드리면 10만 원어치 만큼 충고를 들어주시겠습니까? 큰소리로

"아! 네! "

즐거운 함성이 나왔다.

충고는 허락받고 하는 것이 아니다. 돈을 지불하고, 본인이 기꺼이 충고를 살 의향이 있을 때 하는 것이다.

결제는 어떻게 도와드릴까요?

How can I help you with payment?

보험을 시작한 지 두어 해 지났을 무렵이다. 같은 아파트 새댁의 소개를 받고 인천엘 갔다. 초행길이라 당시엔 네비게이션이 없어서 지도책을 펼쳐놓고 이정표를 번갈아 보며 어렵게 찾아갔다. 길에서도 긴장했는데, 설명하는 내내 긴장이다. 얼굴도 처음 보지, 성향도 모르지, 설명하니까 네네 대답은 잘하는데 결정하지 않는다. 아하, 그렇군, 괜찮군, 좋군, 호응만 한다. 보통의 경우 이것저것 캐물으며 갖가지 반응을 보이는데, 질문도 없다. 가타부타 결정을 내면 좋겠는데, 비교를 해 줘도 별다른 표현 없이, 계속 고개만 끄덕인다. 결정장애가 있냐고 물어볼 수도 없고, 식은땀만 뻘뻘 났다. 다음 상담도 가야 하는데 어쩌나? 쩔쩔매다 나도 모르게 한마디 툭 튀어나왔다.

"좋죠? 바로 보장이 가능한데, 결제는 어떻게 도와드릴까요? 카드도 가능합니다.”

“어머, 카드도 돼요?”

“그럼요.”

카드번호를 줄줄이 대기 시작한다. 내 가슴도 따라 놀라고 두근대기 시작했다. 들키지 않으려고 눈을 피해 가며 바삐 카드 승인을 했다.

“축하드립니다, 고객님 지금부턴 안심하셔도 됩니다. 병원 가시거나, 궁금하시면 언제든지 연락 주세요, 최선을 다해 도와드리겠습니다.”

서류들을 정리하는 사이, 변심하면 어쩌나? 맘 졸이며 후다닥 서류를 거뒀다. 끝내고 계단을 내려오는데 다리가 후들거렸다. 아파트 화단 가에서 하늘을 올려다보니, 차가운 겨울바람이 수고했다며, 이마를 시원하게 치고 간다.

이후부터는 클로징이 쉬워졌다. 설명이 끝나면, ‘바로 보장 가능합니다. 결제는 어떻게 도와드릴까요? 카드로 하시겠습니까? 현금으로 하시겠습니까? 자동이체는 어디로 해드릴까요?’ 한마디면 끝이었다. 가입 의사가 있는 고객은 바로 카드나 현금을 꺼냈고, 통장을 꺼냈다. 생각해 보겠다고 하면, 바로 보장이 가능하다고, 한 번 더 권유하고, 거절이나 검토 의사가 명확하면 바로 노트북을 덮고 나왔다.

신입사원들이 방문을 다녀오면, 자동이체 계좌가 깡통인 경우가 많다. 그래서 첫 회분은 포인트 얘기를 하면서 카드 결제를 권하라고 알려준다. 현장에서 바로 결제도 확인이 되고, 고객은 일단 결제가 끝나면 더 이상 머리 아픈 보험 컨설팅에 대해 생각하려 하지 않는다. 지금은 IT 시대라전자서명만 하면, 보험료 인출이 바로 가능하다, 하지만 인출이 안 되는 시간은 카드로 결제를 바로 하길 권한다. 보험의 목적은 첫째도 둘째도 셋째도 보장이고, 결제가 되는 순간 바로 보장이 되기 때문이며, 또한 일을 완벽하게 마무리하기 위함이기도 하다.

윤여일 상무님께서 단장으로 계실 때, 강의 요청을 자주 하셨다.

"남 팀장 그거 말씀해 주셔야 합니다. 결제 수단 세 마디, 그거면 강의 끝입니다."

그리고 꼭 당부하셨다.

카드로 하시겠습니까?

현금으로 하시겠습니까?

자동이체는 어디로 해드릴까요?

대부분 클로징을 힘들어한다. 바로 결제 수단을 끌어내지 못하기 때문이다. 밥을 먹으면 밥값을 내고, 커피를 마시면 커피값도 내고, 전기요금 가스요금 수도요금처럼 각종 요금도 사용하면 당연히 내는데, 보험료 앞에선 당당하지 못하다. 신입사원 교육할 때 각종 공과 요금을 지불하는 것처럼 보장을 받으려면 당연히 보험료를 내는 것이라고 먼저 가르친다.

자주 하는 질문들이 있다. '보험은 손해 보는 상품이잖아요?' 그럼 이렇게 되물어 본다.

"담배 10년 피우고 폐암 걸렸다고, 전매청을 상대로 소송하면 어떻게 될까요? 이제까지 피운 담뱃값이랑 폐암 치료비까지 달라고 하면 줄까요?"

"담배곽(포장) 3분의 1을 차지하는 경고문에도 백해무익한 담배는 피우면서, 이런 일이 생기면 안 되겠지만, 만약에 사고를 당한다면, 아프다면, 이렇게 많은 보장을 해 주는데 왜 망설이나요?"

흔들리지 않고 피는 꽃이 어디 있으랴?

Where is there a flower that blooms without shaking?

관계한 지 20년이 넘은 고객에게 카톡이 왔다. 부동산 중개업을 한다며, 그럭저럭 살고 있다고, 안부를 전해왔다. 그러면서, 달력을 4~5개 보내 줄 수 있냐고 물었다. 10개 보내주면 안 될까요? 되물으니, 다이어리까지 부탁했다. 옛 생각에 전화를 걸었다.

"우리 안 지 20년 넘었죠?"

"샤크존에서 가게 할 때니까, 23년 넘은 것 같네요."

"세월이 후딱 갔어요, 그때, 개척할 때 경비가 전단 못 돌리게 해서 경찰 부르고 난리였는데, 샤크존 좋은 물건 많다고, 나도 엄청나게 광고했는데, 샤크존 광고는 해도 되는데, 샤크존 와서 영업은 하지 말라고. 경찰들 앞에 끌려 나올 때 엄청 억울했어요, 참 시간이 흐르고 보니 감회가 새롭네요"

그 무렵 지점장님이 밥 먹으러 가자고 했다. 산본 14단지 입구 돼지갈비 집이다. 목적은 막 개업한 식당 화재보험 권유다. 지점장님이 타사 설계사 출신이라 장단이 잘 맞았다. 같이 여러 번 방문 후 화재보험을 체결했다. 기쁘고 감사했다. 그런데, 수금 방법이 문제였다. 보험료도 월납 100만 원이지만, 하루에 5만원 씩 20일을 매일 수금해 가는 조건이다. 당시에는 일수 찍듯 화재보험을 가입하는 곳이 많아 매일 수금하러 다니던 터라 차도 없었지만 오케이 했다.

일단 청약서에 서명은 했는데, 마감해야 하니, 100만 원은 먼저 넣고 매일 받으면 어떻겠냐고, 지점장님이 제안을 했다. 거절할 수 없었다. 그리고 매일매일 수금을 하는데, 하루 이틀은 잘 주는가 싶더니, 사나흘 지나니 줄 생각을 안 했다. 어쩔 수 없이 수금해 줄 때까지 일을 거들다 보니 하루에 두어 시간은 무상으로 알바하게 되었다. 무상 알바가 계속되니, 입바른 식당 종업원이 빨리 수금해 주지, 보험 언니가 무슨 죄라고, 날마다 부려 먹는지 모르겠다고, 대신 푸념을 했다.

그날은 크리스마스이브였다. 남편에게 퇴근길에 같이 가자고 했다. 빨리 수금하고 근처 이마트에 들러서 애들 선물을 사갈 요량이었다. 그런데, 식당에 들어서자, 수금은 고사하고 잔뜩 쌓인 빈 그릇을 가리키며 식당 아들이 도와주고 가면 안 되냐고 했다. 거절 못하고 주방으로 가서 설거지를 시작했다. 7시에 시작된 설거지는 8시 9시 10시 ….12시가 되어도 끝나지 않았다. 남편은 계속 전화를 해대고, 먼저 가라고 애먼 짜증을 냈다. 온수도 안 나와서 양은 대야에 물을 데워가며 기름진 그릇들을 닦아냈다. 실외에 있는 주방이라, 설거지하며 튄 물들이 청바지랑 신발에 얼어 붙어 온몸이 오그라들어 왔다. 장갑을 낀 손도 얼어 그릇들이 제멋대로 미끄러졌다. 끝도 없는 설거짓거리에 화딱지가 밀려와서 눈물을 꾸역꾸역 참으며 일을 했다. 새벽 한 시쯤 설거지가 끝이 났다. 그런데, 수고했다는 말 한마디도 없이, 저녁도 안 먹었는데, 돈이 없다고, 내일 수금해 가란다. 인사 대신 눈물이 뚝뚝 떨어졌다.

밖을 나오니, 진눈깨비가 날리고, 허연 더블캡에 남편이 그대로 있었다. 한동안 침묵이 흘렀다. 잠시 뒤 남편이 침묵을 깨자, 이때다 하고, 기다렸다는 듯 악을 쓰며 울어댔다. '니가 돈을 벌면 내가 이 지경으로 사냐고' 놀란 남편이 차를 세웠다. 한참을 그렇게 발악을 했다.

며칠 후, 지점장님이 불렀다.

"갈빗집 사장이 화재보험을 취소해 달라는데, 보험료 100만 원 중에 수금한 거 50만 원은 돌려주고 니 돈도 50만 원 받는 게 어떨까?"

"죄송한데요, 죽어도 싫습니다, 월급을 주는 회사에 돈을 주면 줬지, 그 놈에게는 한 푼도 주기 싫습니다. 저 그 돈 없어도 삽니다. 그리고 그간 제가 알바 해 준 거 그 돈 이상입니다."

세상에 공짜는 없다. 나는 눈물 젖은 빵을 먹으며, 세상에 수업료를 톡톡히 치렀다.

가끔, 폭풍우가 휘청이게 했지만, 이제 와 보면, 그저, 나를 가만히 흔들어 댄 바람이었을 뿐이다.

천둥과 번개와 무서리를 지나온 한 송이 국화처럼, 그 바람에 나는 흔들리며 피어난 꽃 한 송이인 것을, 흔들리지 않고 피는 꽃이 어디 있으랴!

제가 책임지겠습니다

I'll take responsibility

18년 전 일이다. 고객이 전화했다. 동생이 사고를 냈는데, 상대가 사망했다는 것이다. '가입한 운전자보험에서 보상은 문제없는 거죠?' 거듭 물었다. 당연히 문제없다고, 걱정하지 말라고, 안심시켰다. 그리고 사무실에 와서 계약을 조회했다. 그런데 이 일을 어찌하면 좋은가, 운전자 위험 담보 중 몇 가지가 빠져있는 게 아닌가?

부랴부랴 지역단에 보고해 청약서를 찾으니, 팩스로 서명을 주고받은 서류가 나왔다. 당시는 팩스로도 가입할 수 있었다. 청약서 여백에 수기로 또박또박 새긴 '송부 팩스 번호', '아라비아숫자'는 비서의 글씨체다. 운전자 보험은 보장 내용이 간단해, 비서에게 설계해 청약을 받으라고 한 것인데, 클릭하면서 누락된 것이다. 그것도 중요한 형사합의금 5천만 원, 방어비용 5백만 원, 두 가지가 빠져있다니, 정말로 이 일을 어찌하면 좋단 말

인가? 발을 동동, 어찌할 바를 모르니 지점장님이 단장님께 가보라고 한
다. 보고를 받았는지, 조심스레 물었다.

"남팀장, 서명이 다 되어 있기 때문에 남팀장은 책임 없어요, 고객이 빼
달라고 해서 뺐다고 해도 문제없어요, 그렇게 하실래요?"

"면허정지, 면허취소, 벌금 담보는 넣으면서 형사합의금, 변호사비용을
골라서 빼달라는 게 말이 되나요? 고객이 뭘 안다고 빼달라고 하겠습니
까? 저희가 빼 먹은 거지요, 다 제 잘못입니다. 계란 배달 가다가 사고를
냈다는데, 넉넉하지 않으니까, 누나가 사고를 대비해서 보험을 들어 준 건
데, 지금, 이 순간을 모면하면, 당장 책임은 피할 수 있겠지만, 제가 평생
안 편할 것 같습니다. 빚을 내더라도 벌어서 갚으면 되니, 제가 책임지겠
습니다."

그렇게 면담하고 나왔다. 속이 안 쓰리다면 거짓말이고, 한편으로 개운
했다.

고객님에게 사실대로 말하고, 무조건 책임지겠다고 용서를 구했다.

얼마 후 지역단에서 경위서를 달라고 했다. 고민에 고민을 더해 장문
의 사유서를 썼다. 회사에서 답변이 왔다. 보험금 청구가 되면 30퍼센트
는 구상하겠다고 했다. 5,500만 원 물어 줄 각오를 단단히 하고 있었는데,
1,650만 원만 책임지라니 정말로 감사했다.

본사에서 승인이 났다는 내용을 전달받고, 고객님께 전하고, 빠진 담보
를 추가했다. 사고가 종결되면 서류를 달라고 했다. 보상 처리는 문제없다
고, 안심을 시켰다.

언제 종결될까? 가슴 졸이며 기다렸다.

한참 지나서 연락이 왔다.

"팀장님! 오래 기다리셨죠? 사고 결과가 나왔어요. 상대가 오토바이 운전자였는데, 즉사해서, 우리도 마음고생 많이 했어요. 그런데요, 과실이 100대 0이라고 나왔어요. 우리가 0이에요. 합의할 필요 없대요."

눈물이 와락 쏟아졌다. 하느님이 보우하사 남미순이 만세였다. 책임지길 잘했다는 안도감이 뒤늦게 밀려왔다, 순간 면하려고 책임 회피했다면, 내 보험 인생이 30년을 향해 달려갈 수 있었을까?

오늘 대표이사 취임식이 있었다.

"영광은 여러분께, 책임은 제가 지겠습니다"

그 말 한마디로 그분을 본다. 우리의 내일을 본다.

아줌마, 소송할 줄 알아요?

Ma'am, do you know how to sue?

초등학생이 10층 아파트에서 던진 돌에 맞아 70대가 사망했다는 기사가 떴다. 몸이 불편한 아내를 부축하다가 변을 당했다고 한다. 건강한 어르신이 하루아침에 웬 날벼락인지. 방화문에 괴어놓은 벽돌을 던졌다는데, 10세 미만이어서 형사책임 완전 제외 대상이라, 아무도 사과하지 않는다고 유족들이 울분을 토한다. 얼마나 억울할까? 처벌은 안 되지만 보상 여부에 대해선 의견이 분분하다.

이 기사를 보니 옛 생각이 난다. 보험을 시작할 때 딸은 3살 아들은 두 살이었다. 아이들 또래 엄마들과 된장찌개며, 부침개며, 냉면이며, 날마다 잔치했다. 엘리베이터가 없는 5층 아파트고 우리 집은 1층이라 완전 정거장이 되었다.

보험을 시작하자, 그 엄마들이 기꺼이 보험증권을 꺼내 주며 고객이 되었고, 소개도 해 주었다. 같이 놀던 엄마들은 신뢰가 있어 마음 놓고 설명했는데, 소개받은 엄마들은 처음이라 불편할 때가 많았다. 설명할라치면 아이들이 달려들어서 울거나 보채서 훼방을 놓았다.

"지금은 정신이 없어서 도저히 못 듣겠어요. 다음에 다시 와 주시겠어요? 죄송해요."

열심히 준비해서 갔는데, 늘어놓았던 서류들을 챙기자니 감정이 쑥 올라온다. 다시 와야 한다니? 좋은 방법이 없을까?

그날 이후, 마트에 들러 과자를 사기 시작했다. 누르면 과자나 사탕이 톡톡 튀어나오는, 호기심이 생기는 장난감 과자들이다. 설명하기 전 아이들에게 똑같이 나눠주고 먹는 법을 알려 주었다. 그랬더니, 설명이 끝날 때까지 애들끼리 잘 노는 게 아닌가.

삼호아파트 입구에도 마트가 있었다. 그 아파트를 방문할 때도 마트를 들러 애들이 좋아하는 과자를 샀다. 사면서 꼭 명함을 놓고 나왔다. 그럴 때마다 주인은 계산만 하고는 고개는 매정하게 TV 쪽으로 홱 돌렸다.

그러던 어느 날, 갑자기 주인이

"아줌마, 소송할 줄 알아요?" 한다.

소송할 줄 알겠는가? 몰라도 아는 척 해야 하는 게 아닌가?

보름 전, 도깨비시장에서 8살 된 당신 아들이 10살 된 열쇠 집 아들 자전거에 치여 이마를 크게 다쳐 1주일을 입원했는데, 치료비를 안 준다고 했다. 소송하려니 변호사비나 치료비나 비등비등할 것 같고, 속을 끓였나 보다.

당시 나는 동생이 군에서 얻은 병 때문에, 전역 후에 사망한 건으로 국가를 상대로 행정소송 중이었다. 형편이 어려워 천주교 인권위원회 이덕우 변호사님 도움을 받고 있었다. 실례를 무릅쓰고 전화를 드렸다. 그랬더니, 민법 제751조 제1항과 753조 755조 제1항, 755조 제2항을 불러주셨다.

내용을 옮겨 본다.

타인의 신체, 자유 또는 명예를 해하거나 기타 정신상 고통을 가한 자는 재산 이외의 손해에 대해서도 배상할 책임이 있습니다. _*민법 제 751조 제1항*

미성년자의 책임능력 : 미성년자가 타인에게 손해를 가한 경우에 그 행위의 책임을 변식할 지능이 없는 때에는 배상의 책임이 없습니다. _*민법 753조*

미성년자 감독자의 책임 : 위에 따라 미성년자에게 책임 없는 경우에는 미성년자를 감독할 법정의무 있는 자가 그 손해를 배상할 책임이 있습니다. 그러나 감독의무를 게을리하지 않은 경우에는 그렇지 않습니다. _*민법 제 755조 제1항)*

감독의무자에 갈음하여 무능력자를 감독하는 자도 그 미성년자의 제삼자에게 가한 손해를 배상할 책임이 있습니다. _*민법 제755조 제2항*

상기 내용과 사고 내용을 정리해 내용증명 보낼 서류를 만들고, 진단서 영수증 향후 성형에 필요한 진단서까지 준비해 달라고 했다. 계산하니 받을 금액이 2백만 원은 족히 넘었다. 잘 작성되었는지, 가까운 법무사에 가서 질의를 받았다. 잘 썼다고, 법을 전공했냐는 칭찬을 받고 내용증명을 보냈다.

3일 뒤 바로 연락이 왔다, 아줌마 2백만 원 준다는데, 합의할까요? 알아서 하라고 했다. 돈이 입금되었다고 연락이 왔다. 이후 마트 주인도 고객이 되었다. 인연은 계속 이어졌다. 마트집 아들이 비비총으로 미용실 아들을 쏴서 이빨을 부러뜨려 보상 청구를 도와주면서 미용실도 고객이 되었다. 미용실에서 계속 소개가 나왔고, 마트 주인 부부 형제자매들이 앞다투어 고객이 되었다.

내가 소송을 할 줄 알겠는가? 모르면 물어서 하면 되는 것이다.

고객이랑 놀아라

Play with your customers

"엄마, 지은이 비행기 못 탔어."

"4시에 워크숍 끝나고 용인에서 공항버스 탔는데, 직행인 줄 알았는데 정거장마다 섰나 봐. 공항에 7시 반에 도착했어. 화장실에서 엉엉 울었대. 버스도 끊겨서 오빠가 데리러 왔대. 내일 오라고는 했는데, 모르겠어. 180만 원 더 든대."

다음날 지은이는 호주행 비행기를 탔다. 자기들이 무슨 로봇 태권V인 양 합체했다며 친구들 셋이 손가락을 오므려 찍은 사진을 보냈다. 다녀오더니, 진흙탕을 보라! 어지러운가? 탓하지 마라! 내일의 자양분이 지천이다. 언제나 연꽃은 거기서 피었다. 내 프사에 올린 시 한 구절을 코맹맹이 소리로 흉내 내며 지은이가 호주에서 그러고 다녔다고 낄낄댄다.

부곡역 입구는 중앙통로와 도깨비시장으로 갈린다. 보통 땐 마을버스를 타고 집에 오지만, 보험을 시작한 후에는 하루씩 번갈아 중앙통로와 도깨비시장을 오갔다. 가방을 메고 전단을 들고 상점마다 들어가, 도움 필요하시면 연락해주세요. 화재보험 가입하셨어요? 자동차 보험 만기 언제인가요? 보험금 청구 도와드릴까요? 반가워하지도 않는 인사를 반복했다.

을씨년스럽게 진눈깨비가 날리는 날이었다. 갈 곳은 없어도 만들어야 했다. 중앙통로를 선택해서 스포츠 신문을 넣고 도망치듯 나오는데, 미용실 원장이 부른다.

"아유 쩌그쩌그, 추운디 커피나 한잔하고 가소?"

난로 옆 소파를 권하며 커피믹스 한 잔을 준다. 뜨끈한 커피 한 잔에 감동이 올라왔다. 인상 좋은 원장은 날마다 뭘 주기만 하고, 미안해서 어째, 를 시작으로 할 만해? 보험 한지 얼마나 됐어? 힘 안 들어? 집은 워디여? 등등을 물었다. 며칠 후, 아들이 학교에서 코뼈가 다쳐 수술했다며 보험증권을 봐달라고 부탁을 했다. 청구를 도와주고 35,000원에 가족상해보험을 권유했다. 그리고 몇 달 후 고등학생 딸이 수학여행을 다녀오다 버스가 전복되는 사고를 당해 크게 다치게 된다. 자리를 잠시 바꿔 앉았는데 본인 자리에 앉았던 친구는 즉사했다. 그 충격으로 트라우마가 오래갔다. 참 안타까웠다. 보상 처리를 도와주면서 원장이랑 친하게 됐고, 언니 동생 하면서 미용실은 나의 아지트가 되었다. 손님이 많으면 주인인 양 차도 대접하고, 머리카락도 쓸어주고, 수건도 개켜주고, 파마지, 고무줄도 집어주며 일을 도왔다. 누구냐고 물으면 보험하는 동생이라고 소개했다.

어김없이 전화가 온다. 미용실이다.

"워디냐? 언능 오너라. 그거 35,000원짜리 해줘라, 니가 말하면 무슨 말인지 잘 못 알아 묵응께, 내가 다 설명했다, 그걸로 해줘라 잉"

더 이상 설명이 필요 없다. 원장이 전문가가 되어 영업하고 있었다. 갈데가 없거나, 지나는 길에 날마다 보험 얘기를 주절댄 보람이 나왔다.

"어야, 니 말이 뭔 말인지 하나도 못 알아 듣겠단다, 찬찬히 얘기 좀 혀, 내가 니 방어하느라 힘들어 죽것다. 이것아."

초보 설계사 시절 말도 **빠르고**, 사투리도 써대고, CS도 습관도 안 됐고, 매일 걱정을 들었다.

지금도 **빠른** 말버릇은 잘 고쳐지지 않아, 설명하거나 강의를 할 때 한 템포 쉬느라 애를 먹는다. 그러함에도 사내에선 명 강사로 이름을 날렸고, 본부장이 된 지금은 아침마다 정보 조회를 하니 무슨 아이러니인가 싶다. 저절로 만들어졌겠는가? 어제의 버벅거림이 우왕좌왕이 좌충우돌이 다 자양분이 되어 연꽃을 피워 낸 게 아닐까?

보험설계사, 내 직업에 당당한가?

Insurance Planner, Am I Proud of My Job?

연도 대상을 수상하니 최고경영자 과정을 추천했다. 여러 대학 중에 나는 중앙대를 선택했다. 차로 1시간 거리이고, 여성만 있는 학교보다 남녀가 있는 학교가 좋을 것 같았다. 정식 석사과정은 아니지만, 대학원이라니, 격이 올라간 기분이다. 수업 내용도 알찼다. 상담할 때 도움도 되었고 심화한 전문설계사라는 자긍심도 생겼다. 인생은 선택의 연속이고 선택할 때 중요도에 따라 3단계로 나눈다는 강의가 인상적이다. 1단계는 남이 하는 것을 따라 하라는 것이다. 밥을 먹는 것과 같은 사안의 중요도가 낮은 것들은 특히 그렇다. 남들 따라 맛집을 가면 실패가 없다. 2단계는 전문가의 조언을 따르라는 것이다. 집을 살 때는 여러 부동산을 다니며 꼼꼼하게 따져 전문가가 추천하는 것을 고르는 게 유리하다. 3단계는 이 밤의 끝을 잡고 밤새워 고민하는 것이다. 결혼하거나 이직할 때는 신중하게 결정해서 '내'가 선택해야 한다.

나는 보험 전문가다. 당신처럼 갈비탕을 맛있게 끓일 수 없지만, 치아 치료를 잘할 수 없지만, 학생을 잘 가르칠 수 없지만, 보험 컨설팅은 누구보다 잘한다. '전문가'임을 강조하고 '전문가'의 조언을 참고하라고 한다. 최고경영자 과정은 대인관계에 도움이 되었다. 직업에 귀천이 없다지만, CEO나 변호사 의사 교수를 만나면, 몸에 밴 주눅들이 튀어나왔지만, 함께 수업하고 밥 먹고 여행하며 친해지니, '사람 다 똑같구나' 동질감이 생겼다. 주눅도 사라지고 당당하게 제안할 힘이 길러졌다. 과정이 끝나갈 무렵, 동기가 타 대학 경영자과정을 소개해 줬다.

"미순 씨, 건국대 한번 가봐요, 미순 씨는 거기 가면, 사람 많이 사귀고 좋을 거여. 내가 거기 주임교수 소개해 줄라니까."

소개받은 주임교수에게 전화를 걸었다. 소개자 이름을 대고 수강생 모집하는지 물었다. 어디 다니냐고 묻고는 메리츠화재 보험설계사라 하니 딱 잘라 거절한다. 억울했지만 최대한 정중하게 따졌다.

"교수님은 지성인인데 대 놓고 차별을 하시는군요. 보험설계사라고 거절하시니 안 가겠습니다. 저를 아시나요? 한 번도 안 보셨는데, 어떻게 일언지하에 거절하시나요? 죄송하지만 제가 교수님을 거절하겠습니다. 사람을 보지도 않고 직업으로 판단하는 학교엔 저도 가고 싶지 않습니다"

주임교수는 바로 사과했다. "아이고 죄송합니다. 실은 보험설계사 몇 분을 앞 기수에서 받았는데, 원우들 항의가 많았습니다. 그러다 보니 남미순님께 본의 아니게 실례를 했습니다. 남미순 님은 말씀을 들어 보니 괜찮을 것 같습니다. 정말 죄송합니다. 스피치 과정에 들어오시지요? 제가 정식으로 초대하겠습니다."

그렇게 건대 스피치 협상 과정에 등록했다. 영업은 늘 협상이다. 교육과정을 통해 협상과 스피치를 배우면서 영업이 더 즐거워졌다. 좋은 경험이었다. 과정이 끝날 무렵 경영자 과정에 들어 오지 않겠냐고 교수님이 제안했다. 스피치 과정 동기들 10여 명을 설득해 함께 갔다. 고맙다고 건대 병원 VIP 건강검진을 제공받았다.

보험설계사라면 대충 보는데 보험왕이라고 하면 자세를 고쳐 다시 쳐다본다. 문턱은 낮은데 지속적으로 하기가 그만큼 어렵기 때문이다. 보험을 잘하려면 세 가지만 있으면 된다고 귀가 닳도록 들었다.

단 * 무 * 지(단순 * 무식 * 지속)

거기에 하나 덧붙이면, 진심이다. 진심을 다해 상대에게 최고의 선택이 되게 도와주는 것. 그때는 진심이어도 세월이 흐르면 변하는 것이 있다. 가치다. 그때의 보장 가치와 지금의 보장 가치다. 그래서 수선이 필요하다. 명품은 잘 간직하고 낡은 물건은 고쳐서 쓰거나 버리는 것처럼 보험도 수선이 필요하다. 명품보장은 유지를 권하고. 수선이 필요한 보장은 고치고. 불필요한 보장은 해지해서 돈을 활용하거나 보장을 높여주고 신 담보를 넣어 준다. 고객은 잘 모른다. 전문가인 설계사가 꾸준히 안내하고 관리하며 제안해야 위험자산인 보장자산을 잘 활용할 수 있다. 얘기하면 잘 안 듣는 고객도 많지만, 걱정할 필요가 없다. 우리의 역할은 할 때까지 안내하는 것이다. 몇 해 전 서희원 지점장이 친구에게 운전자보험을 제안했는데 친구가 거절했단다. 얼마 후 사고가 났는데 그때 가입하지 그랬냐, 고 하니까 한마디 했단다.

"그렇게 중요한 거면 끝까지 얘기했어야지!"

우리의 역할은 끝까지 제안하는 것이다.

THE SECRET OF THE RICH IS IN SALES

2부

손수레,
5톤 트럭이 되다

A Handcart Becomes A 5-Ton Truck

주고 또 주어라.
하나 달라고 하면 두 개, 세 개를 주어라.
준 만큼 돌아온다. 인색하면 인색한 만큼
계약에서도 인색해진다.

생각해 보고 말씀드릴게요

I'll think about it and tell you

이마트에서 장을 보았다. 시장 가방이 없어 종량제 봉투에 담아야 할 상황이다. 봉투를 달라고 하니 묻지도 않고 20리터를 휙 던진다.

"죄송하지만 10리터로 바꿔 주시겠어요?"

"다음부터는 미리 말씀하세요."

20리터 봉투를 낚아채듯 가져가고 구겨진 얼굴로 퉁명스레 10리터 봉투를 물건 위로 날린다. 물건을 주기 전 미리 물어야 할 사람이 누구인지? 태도를 보니 이마트에 안 오고 싶어진다.

신입사원이 자주 하는 질문이 있다. 고객은 만났는데, 제안서를 보냈는데, 설명도 했는데, 계약서에 서명을 안 한다는 것이다. 공은 찼지만, 골은 못 넣고 기진맥진 돌아오는 이유는 뭘까? 거절은 못하고 만나지만 서명을 안 하는 이유는 뭘까? 제안서를 요청했지만 생각해 보겠다는 이유는 뭘까?

첫째, 영업사원이 맘에 안 드는 것이다.

고객 입장에선 신입이라 오래 못하면 고아 계약이 될 것 같은 불안감이 들 것이다. 설명이 명쾌하지 않고 질문에 대답을 못 하면 생각해 보겠다고 거절하는 것이다. 그럴 때는 물어봐라. 신입이라 신뢰가 안 가는지? 설명이 맘에 안 드는지? 필요한 걸 안내 못 하고 있는지? 심리를 파악하고 빨리 대처해야 다음을 기약할 수 있다. 지루해하는데 물고 늘어지면 질려서 다시는 보려고도 하지 않는다.

둘째, 상품이 맘에 안 드는 것이다.

본인이 세워 둔 예산과 맞지 않은 경우다. 고객은 7만 원이면 좋겠는데 20만 원이면 들려 하지 않는다. 의욕에 넘쳐 맘에 드는 보장을 잔뜩 넣어 제안하지만 그건 어디까지나 설계사의 욕심이지 고객의 니즈는 아니다. 사람들이 물건값을 보고 고르는 것은 예산에 맞게 지출하고 싶기 때문이다. 구체적으로 원하는 게 무엇인지? 얼마의 보험료면 만족하는지? 먼저 질문한 후 설계하는 것이 좋다. 예산을 넘으면 가능한 범위 내에서 하고, 소득이 증가하거나 여유가 될 때 추가 가입을 권유하면 된다. 한 번에 다 해결하려 들지 마라. 고객은 다 맡길 준비가 되어 있지 않은데 내가 다 맡기라고 하면 생각해 보겠다며 거절하는 것이다.

셋째, 진짜로 보험 들 맘이 없는 것이다.

지인이 권유는 했지만, 니즈를 못 느끼는 사람들이다. 건강하다고 자신하며 안 아플 것 같고 안 다칠 것 같다며, 거절하거나 제안서를 두고 가라고 한다. 이런 경우 필요하면 연락 달라하고, 돌아서 나오면 된다. 그러다 주변에서 사고를 당하면 연락이 온다. 영업사원의 태도나 역량에 따라 여지가 있거나 없기도 하지만 진심으로 제안했다면 내일이건 모래건 언젠가는 내게 올 고객이다.

엊그제 사원이랑 밥을 먹었다.

"종애씨 아들이 암 보험을 안 들어서 속상해 죽으려고 해요. 엄마가 내준대도 말을 안 들어요. 스무 살에 고환암에 걸렸는데 그때도 보험이 없어서 부동산 몇 개 날렸어요. 얼른 가입했으면 좋겠는데 암 얘기만 나와도 심장이 멈칫한다고, 제발 암 얘기만은 하지 말아 달라고 부탁을 한대요. 주치의가 5년이 지나도 나았다는 말을 안 했대요. 젊다고 건강관리를 안 할까 봐요. 10년이 지나니까 수고했다면서 '암에 대해 잊어라. 하지만 지금부터 식생활 잘하고 최선을 다하면 60세까지 건강하게 살 수 있지만 그 이후는 장담할 수 없다. 그러니 자만하지 말고 몸 잘 챙겨라' 그 말에 충격받았는지 지금 마흔인데, 20년도 안 남았는데 굳이 보험 들 필요 있냐고 한대요. 암 보험 서명하라고 보내니까 암, 자에 기함해서 메리츠 알림 톡 차단했어요. 근데 운전자보험은 가입했어요. 이번에 종애씨가 아들 만나 사정하니까 조금만 기다려 달라고 하더래요. 저러다 몇 달만 참으래요."

꼬치꼬치 캐묻기보다 기다려주는 미학이 필요할 때도 있다.

한근태 대표의 말이 떠올랐다.

'결론을 질문하라? 교만은 손실을 부르고 겸손은 수익을 부른다.'

맞다. 원하는 것이 무엇인지 겸손하게 질문하고 기다려 주는 것. 보장이

기본 20년에서 100세이니 고객은 설계사의 태도 인성 자질을 보고 본인의 미래를 맡길 것인가? 백년지대계를 결정하는 것이다.

'생각해 보고 말씀드릴게요.'는 부드러운 거절이다. 생각해 본다고는 하지만 실상은 거절인 셈이다. 그런데 오래 영업을 해보니 어제는 거절했지만, 오래지 않아 청약했다. 오늘도 거절할 것이다. 하지만 내일까지 거절된 것은 아니다. 내가 내일도 여기에 있다면 내일의 청약은 내 것이 된다.

손수레, 5톤 트럭이 되다

A handcart becomes a 5-ton truck

　고객을 확보하는 방법은 여러 가지다. 맨땅에 헤딩하기, 등잔 밑을 관리하기, 보험금 청구를 도와주거나 컨설팅하거나 소개받기 등등이다. 늘 지나갈 수밖에 없는 도깨비시장은 나의 등잔 밑이다. 반찬집, 빵집, 과일가게, 슈퍼, 치킨집, 미용실, 옷 가게, 꽃집, 세탁소 등등. 장을 보거나 퇴근길 전단을 돌리며 눈썰미를 최대한 활용했다.

　영업하고 1년이 다 되어 갈 무렵이었다. 고객이 된 점포도 있고, 안된 점포도 있어서 어떻게 더 영업을 확대할까? 아이디어를 짰다. 마침 추석이라 명절 선물을 주면서 광고하면 좋겠다는 생각이 떠올랐다. 물건을 가득 실은 손수레를 끌며 시장을 누볐다. 고객이 된 점포에 큰 선물을 주며 큰소리로 추석 잘 보내라고 인사를 했다. 옆 점포 주인이 뭐야? 궁금한 듯 묻는 소리가 들린다.

"보험 아줌마. 명절이라고 선물을 주네, 참 열심히 해."

"그래? 나도 보험 든 거 있는데 우리 설계사는 왜 안 주는 거야?"

오래지 않아, 옆 점포들이 우후죽순 고객이 되었고, 어느새 부곡은 내 시장이 되었다. 그 점포들이 군포나 안양 안산 수원 과천 서울 등지로 점포를 확대하거나 이사하면서 소개해 주었고 활동영역도 자연스레 확대되었다.

손수레로 시작한 명절 선물은 고객 수가 늘어나면서 택배로 바뀌었다. 100개 200개 300개 500개 1,000개… 1톤 트럭으로, 5톤 트럭으로 확대되었다. 혼자 하던 것을 10여 명 사람을 사서 물류회사처럼 작업했다. 작업하는 날은 내 것만 수거해 가도록 택배 아저씨랑 따로 잡았다. 사무실 복도 가득 물건을 내놓으면 수거해 갔다.

명절 택배 작업은 남들이 보내기 전 작업을 끝낸다. 약소한 선물이라도 남보다 먼저 받아야 기억한다. 명절은 바쁘기 마련인데 미리 보내면 각종 전단을 여유 있게 살펴보고 연락을 해 온다.

"여기 화재 보험 1만 원으로 다 되는 거예요."

"암 보험 업그레이드해 주세요."

"명절 지나고 한번 들러 주세요. 우리 애들 보험 다른 회사에 들었는데요, 거의 끝나가요."

고객 수가 수천 명을 넘어가면서 물리적으로 일일이 호출을 하기는 어려워졌다. 자연스레 명절 택배를 활용해 고객 관리하는 비중이 늘었다. 감사 인사와 각종 신상품에 대한 안내장과 광고지를 보냈는데 명절 특수 때문인지 별 거부감이 없었다. 20년 이상 지속하다 보니 고객들 반응도 다양하다.

"한 해 두 해 보내고 말 줄 알았는데 계속 보내 줘서 감사해요. 대단하세요."

"얼마나 남는다고요, 이제는 그만 보내도 됩니다."

가끔 배달 사고가 나면 "혹시, 그만두신 거 아니죠? 매년 오던 선물이 안 와서요."라고 연락이 오기도 한다.

고객 수가 늘어나면 본질적인 서비스에 집중해야 한다. 보험에 가입하는 목적은 보장이다. 보장 받을 때 문제 없도록 병원 가기 전 미리 점검하거나, 보험금 청구 서비스를 도와주는 것이다. 그래서 보험 가입할 때 꼭 빠뜨리지 않고 하는 말이 있다. '제가 안부 전화는 자주 못 드릴 수도 있습니다. 대신 병원 가시기 전에 꼭 전화 주시고요, 궁금한 사항이 있을 때도 언제든 연락 주시면 도움 드리겠습니다.'

20년 이상 지속한 택배 일의 소회는 농부가 쉼 없이 밭에 씨 뿌리고 추수하는 것과 같다. 고객에게 씨 뿌리는 작업이다. 한해 두 번은 설날과 추석에 선물로 감사의 씨를 뿌리고 연말에는 달력으로 새해맞이 씨를 뿌린다. 그러면 시차를 두고 연락이 온다. 그렇게 해마다 씨를 뿌리고 해마다 추수하며 해마다 연도 대상을 수상했다. 처음 시작은 고된 추수였으나, 나중 추수는 창대하였다.

주고 주고 또 주어라

Give, give, give again

"미순아! 다쳐서 병원에 갔다 왔는데 서류 좀 접수해 줘라."

"네. 서류 가지러 언니 회사로 가면 안 될까요? 점심때 가면 밥 좀 사 줘요?"

"여기 짬밥인데?"

"그 짬밥 사줘요. 그리고 언니들 몇 분이나 계세요?"

"열 명"

미용 언니가 다니는 아침기술은 전파연구소 근처에 있었다. 점심시간을 이용해 소개를 받으려면 공장으로 가야겠다는 생각이 들었다. 연말이라 탁상용 달력 20개, 굴 한 박스, 볼펜 한 뭉치를 챙겨서 갔다. 서둘러 점심을 먹고 휴게실에 오니 언니들이 오밀조밀 모여 있었다.

"어디 보험이야? 지난번 우체국 아줌마는 보험 든 사람만 달랑 달력 2개

주고 갔는데, 이 언니는 손도 크네”

굴 박스를 뜯자, 반장 언니가 사람 수만큼 나누기 시작한다. 분배가 끝나자, 보험금 청구서 작성을 시작했다. 굴은 까먹고 볼펜은 앞치마 주머니로 챙겨 넣으며 언니들이 관심을 두기 시작했다.

“뭐야? 누가 다쳤어? 나도 상해 보험 들어야 하는데, 얼마야?”

“혼자는 2만 원 부부는 3만 원 가족은 3만 5천 원요.”

당시에는 먹지 청약서에 체크해서 수기로 가입하던 때라 가방에서 청약서 뭉치를 꺼냈다.

“필요하시면 여기에 작성하시면 됩니다.”

너도나도 하겠다고 청약서를 달라고 한다. 순간 정신이 없어졌다.

“반장 언니가 도와주면 안 될까요?”

“나 임시 비서야?”

점심시간에 끝내려면 서둘러야 했다. 그렇게 7건을 계약했다. 이후 공장을 내 집처럼 드나들며 건강보험이나 가족들 계약을 추가했다. 새로 입사한 사원이 오면 어김없이 반장 언니가 연락을 해왔다. 이후 언니들이 제지 공장, 핸드폰 조립공장, 사출 공장 등등으로 옮겨 다녔고, 나의 활동영역도 넓어졌다. 판촉물 보따리를 들고 가서 주고 또 주면 됐다. 언니들은 받기만 해서 미안하다며, 고객이 되거나, 소개를 해줬다.

“하나 더 주면 안 돼?”

“당연히 되죠. 3개 드릴까요? 대신 1개마다 한 사람씩 소개해 주시면 됩니다. 열 개 드릴 테니까 열 명 소개해 주실래요?”

주고 또 주어라. 하나 달라고 하면 두 개, 세 개를 주어라. 준 만큼 돌아온다. 인색하면 인색한 만큼 계약에서도 인색해진다.

"이거 하나 팔면 안 돼?"

"보험은 파는데 물건은 안 팝니다. 그냥 드릴 테니까 소개로 갚으시면 됩니다."

열심히 퍼 주고 소개로 갚게 하라. 비용이 싼 DB다.

계약을 받을까? 일하자고 할까?

Should I get a contract? Shall I ask you to work?

샘 독서실은 갈뫼지구에 있다. 자전거 타기를 좋아하는 원장은 말도 잘 하고 글도 잘 쓴다. 공부하는 학생들을 주의하며 조용조용 휴게실에 앉아 얘기를 나누다 보면 금세 시간이 간다. 몇 해 전 배우자가 체육시설에서 다이빙하다 다쳤는데 배상 문제로 시청 직원과 마찰을 빚고 있었다. 간단한 처리 방법을 알려줬다. 얼마 후 해결했다고 연락이 와서 소개해 준 미술학원 원장이랑 밥을 먹었는데 보통 똑똑한 분이 아니다.

"원장님 영업하시면 잘하실 것 같아요. 저랑 일 좀 해 보실래요?"

"아이 무슨, 그냥 계약이나 받아 가요."

실손보험을 권유하면서 상해보험도 권유하니 자꾸만 줄이란다.

"원장님 상해후유장해 1억에 커피 한 잔 값도 안 해요. 이 보장 보험료 때문에 커피 못 드시면 한 달에 한 번은 제가 사 드릴게요. 저랑 데이트

해요."

그렇게 관계하다 2년 전, 자전거를 타러 갔다가 개가 달려들어 다쳤다며 보험금 청구를 도와 달라고 연락이 왔다. 쇄골뼈와 척추뼈가 골절돼서 수술했는데 후유장해 청구가 가능했다. 설명하니 약관을 다시 달라고 했다. 얼마 후 혼자 공부하더니 2~3만 원대 보험 3건에서 9천만 원을 지급받았다.

"고마워서 밥 좀 사려고, 시간 좀 내요?" 전화가 왔다.

"자꾸 빼라고 하니까 커피 사준다면서 넣으라고 했잖아요, 고마워요. 개 피하다가 사고를 당해서 죽을 뻔하기는 했지만, 그 덕에 보험금 잘 받았어요. 그 돈으로 대출 끼고 이천 하이닉스 옆에 아파트 하나 샀어요."

"원장님 진짜 공부 좀 해 봐요. 혼자 공부해서 후유장해 보험금 타는 거 쉽지 않아요. 원장님은 꼼꼼해서 보험 잘하실 거예요. 제 안목 좀 믿어 주세요."

"그럴까요? 우리 아들도 노는데 같이 공부해 볼까요?"

그렇게 해서 원장, 아들, 원장을 소개해 준 미술학원 원장까지 시험을 봤다. 2년이 지났다. 독수리 타자로 설계하다가, "이것 좀 봐줘요." 늦은 밤 전화해서, "시간 되시면 전산 켤 수 있어요?" 시도 때도 없이 증권을 보내서 "이거 이해 안 되는데 설명 좀 해 줄 수 있어요?" 도움을 요청하지만 감사한 어르신 사원이다.

"본부장님 감사해요, 본부장님 아니었으면 이자도 안 나오는 독서실 붙들고 우리 아저씨랑 나랑 빚더미에 앉을 뻔했어요. 본부장님 덕분에 대출도 갖고 어려운 코로나 시국을 잘 견뎠어요. 독서실 부동산에 내놨어요. 나가면 우리 아저씨 경비로 취업시키고 나는 보험 열심히 하려구요."

고객을 만나면 두 가지 방향으로 본다. 계약할 것인가? 직업을 줄 것인가? 보험 설명을 하다 일에 관심이 있거나, 시간 여유가 있거나, 직업을 구하거나, 여유가 안 된다고 보험료를 낮추면 노트북을 덮고 같이 일을 해 보자고 제안한다. 팀장 시절에는 지점장에게 전화를 걸어 후보자가 있으니 오라고 하면 바로 달려왔다. 본부장이 된 지금은 25년 보험 달인의 기술을 전수 해 주겠다고 면담한다. 그렇게 키운 사원들이 지금 우리 본부 가족들이다. 중학생이던 고객 딸이 지점장을 하구, 서너 살 때부터 보았던 친구 아들이 매니저다. 딸의 중국어 선생이 부지점장이고, 함께 명리학 공부하던 동기가 팀장이다. 우리는 함께 본부장을 꿈꾼다.

자주 뒤적이면 풋내가 난다

If you turn it over often, it will smell bad

보험은 일반 직장과는 다른 조직이다. 조직문화는 존재하지만, 사업자 개념의 조직이다 보니 수직적 문화보다 수평적 문화에 가깝다. 가족 수가 적을 땐 일부 고능률 사원이나 도입을 많이 하는 사원에게 끌려다니거나 쩔쩔매기도 한다. 물론 인성이 된 영업 가족은 안하무인으로 행동하진 않는다. 그런데 귀신도 아니고 도입을 하다 보면 그런 사람인 줄 알 수가 있냐 말이다. 아이스크림이라면 골라먹기라도 하지, 선택해서 관리할 수도 없는 것이 조직이다. 집안에서 다툼이 있거나, 거절당했거나, 일이 매끄럽지 않거나, 사원들의 불평불만은 가지가지다. 그럴 때 이유를 물으면 관심을 준다고 좋아하는 사람도 있지만, 괜한 불똥이 튀는 경우도 있다. 사람마다 다르니 그때마다 예의주시하고 상황에 따라 관리할 수밖에 없다. 조직이 충분히 안정화되기 전까진 말이다.

"본부장님, 지금 잠깐 통화 가능하세요?"

"긴 통화도 가능해. 뭘 도와줄까?"

"지금 가족 컨설팅을 해야 하는데, 업무 지원 누가 가능할까요?"

전화도 안 받길래 내버려뒀더니 연락이 왔다. 가끔 자신만의 시간이 필요하다. 김치는 조용히 익고 싶은데, 자꾸 뒤적이면 풋내로 반항한다. 먹지도 못하고 음식물 쓰레기통에 버려야 한다. 예뻐해 줬잖아? 관심 준거잖아? 는 내 욕심이다. 간섭이라고 생각한다. 결국 사람을 잃는 경우도 많이 봤다. 법륜스님의 자녀교육에 대한 충고가 생각난다. '어렸을 때는 품어주는 게 사랑이고, 청소년기에는 지켜봐 주는 게 사랑이고, 스무 살이 넘으면 정을 딱 끊어 주는 게 사랑이다.' 사랑한다면 내버려둬야 할 때 내버려둬야 한다. 계속 간섭하면 망치게 된다.

3년 전 타사에서 온 사원이 있었다. 두어 달은 일을 잘했는데, 어느 날부터 출근만 했다가 사라졌다. 동의는 많이 받아났는데 설계는 되어있지 않았다. 어디를 가냐고 물으면 고객을 만나러 간다고 하니 달리 할 말이 없었다. 그렇게 여러 달이 흘렀다. 그러다 제안을 했다.

"정현아. 아침에 7시까지 갈 테니까 나랑 같이 설계 좀 해 보는 게 어때?"

"네 설계 좀 도와주세요. 아직 확실하게 감이 안 잡히긴 해요."

안양에서 인천을 가려면 6시에 출발해야 했다. 설계를 도와주고 동반을 하니 급여가 제자리로 돌아왔다. 이후 지점장이 동반과 설계를 도와주면서 우수사원이 되었다. 처음으로 급여 천만 원을 받던 달, 인천 가족 모두

에게 식사를 대접하고 싶다며, 소고기를 거하게 샀다.

"제가 손보사, GA 대리점 다해서 10년을 다녀봤는데요, 여기처럼 도와 줬으면 보험왕도 했을 거예요. 히히."

지난여름 내내 정현 FP는 늦도록 딸과 함께 인천 해안도로를 다니며 영업용화물차에 리플렛을 꽂고, 아이스박스에 시원한 음료를 넣어 운전기사들에게 돌리며 영업했다. 운전자 보험을 게이트로 컨설팅전문가가 되었다.

"본부장님이 알려주신 무지개 화법으로 설명했는데 고객님이 저 이거 다 들어 있는 거 맞죠? 하시면서 부족한 거 다 채워 달래요. 그래서 체결하고 왔어요. 감사해요."

사원들에게 사례 발표를 하라고 하니 교육은 잘 못하지만 '제가 하는 것만 얘기 할게요. 그래도 되죠?' 수줍게 말한다.

자꾸 뒤적이면 풋내가 나고, 자꾸 구애하면 도망가고, 자꾸 간섭하면 폭발한다. 답답증이 나겠지만 기다려야 잘 익은 김치 맛을 보듯 잘 자란 사원을 볼 수 있다.

고구마는 줄기가 무성하면 알이 크질 못한다. 줄기를 조금씩 거둬내면 땅속에서 고구마가 스스로 영근다. 기다려야 튼실한 고구마를 캘 수 있다. 간섭이 많으면 알이 영글지 못하듯 때론 혼자 영글 시간이 필요하다. 기다림이 아름다운 까닭이다.

부자의 시크릿은 영업에 있다

목숨 걸고 싶었던 상사

The boss I wanted to risk my life for

내 영업의 전성기는 언제였을까? 상사가 너무 좋아서 목숨 걸고 싶었던 상사는 어떤 상사일까?

2005년 봄이었다. 처음으로 팀 분할을 했다. 팀 분할 공로로 포상금을 받았고 1년간 팀장수당을 보전해 줬다. 그런데 자 팀에서 포상금을 달라며 떼거리로 달려들었다. 하루는 사무실 1층 편의점으로 무턱대고 오라고 해서 갔더니 포상금을 달란다. 어이가 없었다. 며칠이 지나 옥상으로 올라오란다. 안 갔더니 내려와서 떼거리로 고래고래 소리를 지르며 도둑년 취급을 한다. 그걸 지점장은 먼 산 불구경하듯 나 몰라라 했다. 억울해서 눈물이 났다. 그 와중에도 고객에게 전화가 오면 아무 일 없는 듯 '무엇을 도와드릴까요?' 하고 받으니 언젠가 옆 팀장이 '펑펑 울다가도 뚝 그치고 태연하게 전화 받는데 놀랐어.' 했던 기억이 난다.

며칠 후 지점장이 밥을 먹자고 한다. 군포 용호지구가 재개발되기 전 산속에는 식당이 많았는데 그중 한 곳으로 갔다.

　"범계역 근처 무역센터 건물에 사무실 하나 얻어 줄 테니까 거기서 일해 보시는 건 어떨까요?"

　발령 온 지 3년 만에 처음으로 밥을 먹었는데, 그것도 된장찌개를 먹으면서 한 말이 밖으로 나가라니 기가 막혔다.

　"죄송합니다. 영업은 혼자 할 수 없습니다. 저는 팀원들과 같이하겠습니다."

　일언지하에 거절했다. 무슨 말들이 있었길래? 어떻게 보고했길래? 그런 제안을 하는지? 영업은 혼자 할 수 없다. 건강한 자극과 경쟁이 있어야 견디고 성장한다. 며칠 뒤 인사 발령이 떴다. 새로 발령받은 단장이 전화했다. 나도 모르게 펑펑 울었다. 전후 사정을 얘기하니 이렇게 위로했다.

　"남 팀장! 내가 남 팀장을 메리츠의 보석으로 만들어 드릴 겁니다. 일만 하는 남 팀장이 그런 대접을 받는다는 것은 있어선 안 되는 일이고, 일을 하는 사람이 정당하게 대접받는 문화를 만들 겁니다. 힘내세요."

　나를 메리츠의 보석으로 만들어 주겠다는 상사의 한마디에 나는 목숨 걸고 일하겠노라 다짐했다. 불행인지 다행인지? 가난이 만든 성실함이 몸에 배어 있었는데 마음마저 먹으니, 성과는 배로 불어났다.

　그 후 한 번 더 팀 분할을 했다. 당시 문화로 팀 분할은 쉬운 일이 아니었다. 도입이 안 되면 주말마다 본사에서 지점장을 소집했다. 극기훈련으로 새벽 산행을 다녀오면 도입해달라고 죽는 시늉까지 할 때였으니, 팀 분할은 영광중 영광이었다. 내가 입사한 후 정책 분할은 많이 봤지만, 순수 도입으로 분할한 예는 거의 본 적이 없다. 지금이야 본부장 제도로 프랜차이즈 사업화되어, 한번 만든 조직은 영원히 명예와 더불어 실질적인 소득이 되지만, 그때는 팀 분할은 명예일 뿐 실질적인 소득이 되지는 않았다. 본부장제도도 행복한 설계사를 만들겠다는 김용범 부회장의 결단이 아니었다면 가능했을까? 목숨 걸고 싶었던 상사 덕분에 그 상사와 일했던 기간 동안 전국 1등을 계속했다. 내 인생의 전성기라 자부한다.

본부장이 된 지금 생각해 본다. 내가 목숨을 걸고 싶었던 상사처럼 내게 목숨을 걸고 싶은 사원을 육성하려면 어떻게 해야 할까? 성실하게 솔선수범하는 것이다. 엄마처럼 언제 어느 때고 도움이 필요하면 도와주는 것이다. 5분대기조처럼 밤낮으로 전화 올 땐 귀찮고 번거롭기도 하지만, 내가 엄마에게 전화할 때 때를 가려 했던가? 마음을 고쳐먹게 된다. 고되고 어려운 일은 내가, 쉽고 가벼운 일은 네가 하면 된다.

'수고하고 짐 진 자들아. 다 내게로 오라. 내가 너희를 쉬게 하리라.'

수고하고 짐도 지고 돌아온 사원들을 인정하고 격려해 주는 본부장. 고객을 위해 기꺼이 수고해서 얻은 보험왕처럼, 우리 사원을 위해 기꺼이 수고해서 멋진 본부장이 되려 노력한다. 맛을 위해 고된 수고를 들인 달인의 밥 한 끼처럼, 거기 기꺼이 긴 줄 서는 단골들처럼 기쁘게 수고하고 기쁘게 문전성시를 이루는 본부를 만들고 싶다.

스트레스는 어떻게 푸나요?

How do you relieve stress?

친정엄마 장례식 때 일이다. 발인을 앞둔 늦은 밤 누군가 와락 달려든다. 명절 때 선물을 보내도 답이 없던 지점장이다. 누구에게도 답하기 싫었으리라.

"이 시간에 오면 아무도 없을 거 같아서 지금 왔어. 늦게 와서 미안해."

미운 정 고운 정 다 든 지점장, 나랑 가장 오래 일한 지점장, 실력이 출중했지만, 마음 아픈 지점장, 내가 존경하고 사랑한 지점장이다.

입사하고 1년쯤 지났을 때다. 지점장이 출근 시간이 임박해 타워에 차를 넣으려다 지각할 것 같아 목재상 입구에 차를 세우고 왔다. 조회가 끝나고 차를 뺀다는 것이 깜빡했나 보다. 그사이 영업을 시작한 목재상 주인과 차를 빼면서 말다툼이 났는데 지점장 언니까지 합세해 머리채까지 잡았다. 식식거리고 들어온 지점장이랑 사무실 옆에 붙은 간이식당으로 점심을 먹

으러 갔다. 꾹꾹 눌린 고봉밥 뚜껑을 열고 김치찌개를 뜨려는데 분을 못
이긴 지점장이 내게 화풀이를 했다. 나도 관리자의 생리를 모를 때고, 지
점장도 발령받은 지 얼마 안 된 때라, 몽둥이로 맞듯 혼이 났다. 밥을 먹는
둥 마는 둥 몇 술 뜨기는 했는데 식은땀이 흘렀다. 성향이라도 알면 대충
받아라도 치지, 신뢰 쌓기도 전인데 뭐라 한단 말인가? 얼빠진 채 그 자리
를 벗어나 집으로 와서 끙끙 앓아누웠다. 며칠 몸살을 했다. 그때 깨달았
다. 이후 스트레스를 남에게 풀지 않겠다고 다짐했다. 그 지점장은 다른
곳으로 발령 나고도 자주 전화했다.

"미순아 미치겠어. 지점을 키워 놓으면 발령 내고, 키워 놓으면 발령
내고."

"누가 그렇게 잘하시래요? 잘하니까 믿고 발령 내잖아요? 말아먹어야
발령을 안내죠? 보증수푠데 누가 발령 안 내겠어요?"

시간이 흘러 나는 그렇게 농담을 건넸다.

살다 보면 삶의 갈증이 생긴다. 이삼십 대 갈증은 함께 풀어주려 하지
만, 사오십 줄 넘어 생기는 갈증은 풀어대는 나는 좋지만 받는 상대는 고
역이다. 말하는 당사자는 좋지만 듣는 사람은 힘든 것처럼 말이다. 언젠가
부터 나는 힘들 때 누군가를 만나 스트레스를 푸는 것보다 혼자 해결하는
법을 선택했다. 스트레스 1단계는 청양고추를 팍팍 넣은 라면에 소주를
마신다. 쓰린 속에 핑하고 도는 술기운과 짜릿함만으로도 스트레스는 날
아간다. 2단계는 집에 틀어박혀 아무 생각 없이 책만 본다. 책을 보면 답
답함도 날아가고 해답도 발견된다. 3단계는 곰이 겨울잠 자듯 그냥 내리

내리 잔다. 아무도 안 만나고 이불 속을 뒹굴다 보면 고민이 가지런히 정리된다. 사원들과 스트레스 푼다고 술자리를 가졌다가 인사불성으로 뒷감당을 못 한 경우를 자주 본다. 안타깝다. 고수들은 운동이나 걷기로 푼다는 데 나는 아직 그 경지에 못 이르렀음이 부끄럽다.

지난 추석, 지점장이 전화했다.

"미순아 집이 어디라고 했지? 맨날 잊어버린다. 여기 비산대교 근천데 어디로 가야 돼?"

"제가 걸어서 거기로 갈 테니까 잠깐만 계세요."

"오다가 차 박아 먹었어. 계피 송편 좋아하잖아? 단골 떡집인데 맛있게 잘해. 너 줄라구 왔지."

건네고 안아준다.

활동 다녀와서 지점장님 배고파요. 하면 "가자 밥 먹으러." 하던 지점장, 소리 냅다 질러 놓고 박스 들고 오던 내가 짐 쌀 까봐 당신 성격에 굽히지는 못하겠고 단장한테 보고하고 울었다던, "지점장님 뭐 하세요? 밥 사주세요." 한마디에 달려와, 밤새 주차장에서 수다 떨던 지점장, 나의 영원한 지점장.

돌아서 가는 지점장의 뒷모습을 한참 동안 바라보았다. 멋쟁이였던 지점장의 희끗희끗한 머리칼, 화장기 없는 얼굴, 펑퍼짐한 치마, 구멍 숭숭 난 슬리퍼, 카리스마 넘치고 따뜻하던 어제의 지점장과 교차하여 눈시울이 뜨거워졌다.

사주카페로 사업설명회를 하다

Hold a business briefing at fortune-reading cafe

가끔 답답할 때 철학관을 찾았다. 그러다가 내 사주를 직접 보고 싶어 공부를 시작했다. 공부를 하니 '나는 왜 이 모양일까?' 원망했던 팔자가 이해되었다. 본부장은 사업설명회가 기본이다. 그런데, 1대 다수로 상대하는 설명회는 설득력이 떨어져 맘에 들지 않는다. 그러다 다른 본부에서 타로 설명회를 했다는 것에 힌트를 얻어 사주카페를 열어보기로 했다. 1대1 면담은 자신이 있었다. 범계역 근처 커피숍에 여러 좌석을 예약하고 후보자도 30분 간격으로 예약을 받았고, 사주 선생도 불렀다.

첫날 남자가 왔다. 인상도 좋고, 미남형이다. 30대로 보이는데 50대다.

"따님 사주가 좋네요, 투자를 많이 해야겠어요. 무슨 일 하세요?"

"사업을 하다가 쉬고 있는데 자금 회수가 언제쯤 될까요? 지금은 대리운전이랑 식당에서 알바 하는 중입니다."

"우리랑 일 한번 해보시죠? 대리운전하시는 분들 자동차보험도 가입 권유가 쉽고, 식당도 화재보험이나 각종 배상책임보험이 필요하기 때문에 영업이 쉬워요. 알바하면서 보험 한번 같이 해보시죠?"

바로 지원서를 작성했다. 시험에 합격하니 의욕도 넘쳤다. 혼자 해본다고 알바하면서 보험 얘기를 했나 본데 다 거절당했나 보다.

"어떻게 설명하셨어요? 고객님께 설명한 대로 다시 한번 말씀해 보실래요."

한방이 없다. 전략과 전술이 부족하다. 신입사원 교육 때마다 앞으로 불러서 일일이 코칭을 했다.

"말을 늘리시면 안 됩니다, 스타카토로 딱딱 끊어서 말씀하셔야 합니다. 중간에 에. 에 음. 음 넣지 마시구요."

교육부에서 소두성교육 광고 촬영을 왔다. 내 분량은 끝나고, 고객 역할이 필요하다고 소개해 달란다. 김종호 FP를 소개했다. 광고를 보니 거절을 기가 막히게 한다.

"본부장님 저 광고 나왔다고 자랑했잖아요. 나 메리츠 방송에 출연한 사람이야! 나 이런 사람이야! 왜 이래, 함부로 보지 마! 웃기죠? 근데 먹혀요."

자신감에 넘쳐 자랑했단다.

"그리고 사람들 만나면서 가장 먼저 2억 클럽이냐고? 물어봐요. 그게 뭐예요? 2억 클럽 몰라요? 확인해 드릴게요. 그럼 놀래요. 2억 클럽 아닌 사람 많거든요."

2억 클럽은 운전자보험에서 보장하는 내용 중 교통사고처리지원금이다. 초기 상품 대부분 가입금액이 3천만 원인데 5천에서 7천 1억으로, 다시 2억으로 보험사들이 3년 새 경쟁적으로 급격하게 보장을 올렸다.

그날 이후 거짓말처럼 자신감을 회복하더니 신인상을 3개월 연속으로 수상했다. 그리고 본부에서 떡 잔치도 했다.

김종호 FP는 뇌출혈을 앓았다. 한지수 지점장이 보험금 청구를 도와주면서 신뢰를 쌓은 고객이다.

말이 어눌했던 것도 그 때문인 걸 나중에 알았다. 신입사원은 몇 번이고 가슴을 쓸어내릴 일이 생긴다. 얼마 전 사주까페에 김종호 FP가 어르신을 초대했는데 딸과 함께 왔다. 딸은 예약을 하지 않았다는데 엄마랑 같이 온 것이다. 딸이 맘에 들어 일을 권유했는데, 삼성화재에서 일을 했었던 모양이다. 사주를 보고 간 그날 어르신이 두 달 연속으로 가입한 보험을 취소했다. 가입하기 전 딸이 보험영업을 한다고 해서 따님한테 하지 왜 우리한테 하냐고 물으니, 그만뒀다고 했다던 어르신이 그 딸을 데려와서 노소리 취소한 것이다.

지점장과 나는 당황스러우면서도 미안해 거푸 사과했다.

"괜찮아요. 어차피 깨질 거면 빨리 깨지는 게 나아요. 인성이 아닌 사람은 빨리 버리는 게 차리리 나아요."

도리어 위로를 했다. 김종호 FP도 이제 단련되어 가나보다. 이튿날 일찍 출근해서 열심히 설계하고 방문을 갔다. 한시름 놓았다.

묵은지 같은 영업비밀을 꺼내며

Bringing out sales secrets like old kimchi

고객顧客의 한자는 돌아볼 고顧에 손 객客이다. 뒤돌아본다는 뜻이다. 자신이 제대로 샀는지, 아니면 손해를 봤는지 자꾸 돌아본다는 뜻이다. 그럼, 고객의 짜증은 무엇일까? "우리가 미처 보지 못했던 서비스의 구멍이다." 3M의 정의다.

서명을 끝낸 고객이 한마디 한다.

"제가 오늘 남미순 씨 처음 만났는데 왜 바로 보험 가입하는 줄 아세요? 손톱 보고 결정했어요. 네일 아트를 안 한 거 보니까 열심히 일만 하는 분 같아 믿음이 가요. 그래서 안 따졌어요. 잘 부탁드려요."

식당 주인이 한마디 툭 던진다.

"언니는 참 보험 하는 여자들 안 같아. 방금 나간 여자들 봤어? 정장 쫙 빼 입고 삐딱삐딱 구두 신고 화장 진하게 하고 진창 수다 떨다 갔어. 저 여자들 다 보험설계사야. 나는 백날 일해봤자 부엌데기 신센데 괜히 얄미워. 올 때마다 명함 주는데 보험이 없어도 안 들어 주고 싶어."

경차에서 SUV로 차를 바꾸고 고객 가게 앞에 차를 세웠다.
"남 여사 차 뽑았어? 돈 많이 벌었나 봐? 인자 소개 안 해줘도 되겠어? 내 똥차는 언제 치우나."

20년 된 고객을 만나 메밀국수를 먹었다. 차를 타면서 한마디 한다.
"남미순 씨는 이질감이 안 생겨서 좋아. 언제 봐도 편해 그게 매력이야. 잘나가는 줄 아는데 티도 안내고."

안산에서 경력 설계사랑 면담하면서 물었다.
"보험영업에서 가장 중요한 게 뭐라고 생각하세요?"
"고객 아닌가요?"
"아니요. 스킬입니다. 기술요. 낚시터에 널린 물고기 잡으라면 잡을 수 있나요? 고깃배 타고 바다에만 가면 고기 잡을 수 있나요? 기술이 있어야 잡지요. 고객은 널린 게 고객입니다. 아직 기술 제대로 안 배우셨죠? 보험 설계사를 하다 그만두면 세 가지가 남는답니다. 뭔지 아세요? 신발 남고 옷 남고 자기계약만 남는답니다."

면담을 끝내고 입사지원서를 작성하면서 후보자가 한마디 건넨다.

"저 유치자만 보고 여기 선택하는 거 아니에요. 본부장님 보고 선택하는 거예요. 일단 본부장님은 일을 1번으로 선택하시는 분 같고 또 따뜻해요. 적어도 제게 상처를 줄 것 같지는 않아요."

나는 네일 아트를 하면 손톱이 답답하고, 반지를 끼면 손가락에 물집이 잡히고, 화장하면 피부가 가렵다. 앞머리가 내려오면 일도 집중이 안 돼 핀으로 척 올려붙여야 편하다. 하여간 지랄 맞아서 대충 살 뿐인데 고객은 일에 집중하는 것으로 봐주니 이것 또한 감사할 일이다.

25년간 잘 삭힌 묵은지 같은 영업비밀 하나, 고객은 미인을 원하는 게 아니다. 언제나 그 자리에서 자신을 잘 관리해 줄 도우미를 원한다. 설계 사는 명품을 휘감은 관리자를 원하는 게 아니다. 언제나 자신에게 업무 지원을 아끼지 않고, 기술을 전수해 줄 장인을 원한다. 똑똑한 설계사와 똑똑한 관리자가 자신을 서비스하고 관리하길 바라는 것이다. 설계사는 설계사의 본분에 맞게 관리자는 관리자의 본분에 맞게 있어야 할 자리에 있길 바라는 것이다. 언제나 고객의 계단 반쯤 아래에 서길 권한다. 영업 가족도 마찬가지다. 고객이나 영업 가족이 당신에게 서운하다고 느끼는 순간부터 당신의 실적도 당신의 영업 가족도 이미 당신을 떠날 준비를 하고 있다는 사실을 명심하라.

고객은 본질에 충실한 당신을 원한다. 설계사도 본질에 충실한 관리자를 원한다. 한근태 대표가 말했다. '리더는 자기 책임을 남에게 전가하지

않는 사람이다.'

오늘 지점장들과 식사했다. 본부장과 지점장에 대해 재정의해 보자, 하니 '본부장은 극한 직업이요, 지점장은 지저분할 일 다하는 사람이요.' 한다.

당신은 지금 여기에 있는가? 여기 본질에 집중하는가? 그렇지 않다면 당신은 남에게 책임을 전가하고 있는 것이다. '책임 전가'는 당신과 영업 가족과 회사와 사회를 망친다는 것을 명심하라.

물품을 가불해 드립니다

We will pay for the goods in advance

해마다 도지세로 받은 쌀을 팔던 고객이 올해는 조용하다. 전화를 하니, 작년에 처음 주문한 집에서 맛있다고 다 가져갔단다. 나는 수십 년 단골 인데 어떻게 묻지도 않고 홀랑 다 넘길 수가 있냐고 서운해하니 농사짓는 업자를 소개한다. 그간은 기껏해야 몇 가마니 밖에 살 수 없어 아쉬웠는 데 업자를 통하니 맘껏 살 수 있다. 이참에 시상을 걸어야겠다고 생각하고 300포대를 주문했다.

"공양미 300석에 팔려 가요. 인당수로 가요. 빨리빨리 가요. 보험을 팔 러 가요. 계약에 눈뜨러 가요."

수북이 쌓인 쌀 포대를 보고 한하나 지점장이 노래를 부른다. 영업 가족 들이 배꼽이 빠져라, 웃어댄다.

"가불해 드립니다. 실적으로 갚으시면 됩니다. 가불 명단은 칠판에 적겠습니다. 1번 이지원, 2번 양승희, 3번 박세연, 4번 서희원, 5번 김영란, 6번 채주영 가불은 계속됩니다."

나는 쌀 포대를 나르며 가불을 유혹했다. 그리고 칠판에다 '수향미 가불 명단'이라고 크게 쓰고 이름을 적어 내려갔다.

"떼먹을 수도 있습니다." 지원 FP가 한마디 한다.

"파세요" 누가 한마디 거든다.

"절대로 안 팝니다. 실적으로만 상환이 가능합니다. 5만원! 5만원! 이면 됩니다."

이튿날 조회 시간 발표를 유도했다.

"쌀로 밥해 드신 분의 간증을 받습니다. 얼른얼른 나오시죠?"

"간증을 하신 분께는 100매가 아닙니다. 500매 롤 팩을 선물로 드립니다."

앞다퉈 나와 유쾌하게 간증을 쏟아 낸다.

"우리 본부처럼 쫄깃쫄깃 맛있어요."

"윤기가 자르르 우리 본부 같아요."

"저는 말재주가 없습니다만, 앞서 말씀하신 분보다 100배는 맛있어요."

나는 사무실에서 코맹맹이 소리로 물품을 들고 다니며 영업 가족을 자극한다.

"냄비가 왔어요. 인덕션에도 되고 가스렌지에도 됩니다."

"웍이 왔어요, 대형 무쇠 웍이 왔어요. 절대로 안 튀어요."

"탈수기가 왔어요. 이태리에서 왔어요. 상추랑 이젠 수돗물을 안 먹습니다."

내가 배운 리더십은 '사람의 마음을 움직여 조직 목표를 달성하는 것'이었다. 본부장은 목표를 향해 조직을 끌고 가는 게 아니라 모시고 가야 한다. 잘 가려면 어제와 다른 바람몰이가 필요하다. 태풍 같은 몰이가 필요하고, 효과를 극대화해 줄 도구도 필요한데, 그건 시상이다. 그래서 시상에 쓸 물품을 잘 선택해야 한다. 갖고 싶은 물건, 꼭 필요한 물건, 특이한 물건, 좋은 물건, 잘 살 수 없는 물건 등등. 그 물건들을 대량으로 쌓아놓고 활동 물품이나 답례품으로 마구마구 퍼준다. 한두 개는 본인이 쓰지만, 열 개 스무 개는 본인이 다 쓸 수 없다. 누군가에게 줄 수밖에 없고, 주다 보면 일이 되고, 일은 활동이 되고 계약으로 이어진다.

물품은 성향에 따라 줘도 줘도 달라고 조르는 FP가 있는가 하면, 수줍어 주기 전까지는 절대로 달라고 말을 안 하는 FP도 있다. 그래서 출근하면 가끔 일괄로 주고, 설계과제를 주고 마무리하면 준다. 클린데이엔 본인 자리를 청소하면 검사하면서 주고, 활동문자를 정해준 다음 발송하면 준다. 가지가지 이유를 만들어서 주고 또 준다. 고객에게 주고 또 줬던 것처럼 이젠 영업 가족에게 주고 또 준다. 고객에게 주고 또 주라고 나의 기술을 전수하며 준다.

3부

동기 부여를 하는가?
스트레스를 주는가?

Is it motivating? Is it stressful?

사무실 벽에 크게 써 붙여야겠다.
'누가 도움을 요청하는가?
그는 귀인이다.'

도움을 요청한다면 그는 당신에게 귀인이다

If someone asks for your help, he is a benefactor to you

　본부장 스터디 두 번째 날, 이주봉 본부장이랑 짝꿍이 되었다. 정리한 생각을 서로 질의 해주는 시간이 있었는데, 12월에 본부 식구들과 워크샵을 계획 중이라며, 역량이 뛰어난 본부장을 모시고 싶다고 했다. 순간, 내게 부탁할 것 같아 여러 본부장을 추천했다. 종일 수업 받으면서 본부 사정을 듣다 보니 측은지심이 밀려왔다. 그래도 '강의 부탁하면 거절해야지. 내 코가 석 잔데.' 다짐을 했다.

　며칠 뒤 사내 메신저로 연락이 왔다. 이주봉 본부장이다. 강의 부탁할 것 같은 기분이다. 아니나 다를까, 부탁한다. 정중하게 거절은 했는데 거절한 내가 도리어 미안한 것은 무슨 경우인지? 사실 영업을 할 때는 눈치를 덜 보고 강의를 다녔지만, 본부장이 된 후론 사원들에게 미안해 웬만하면 다 거절한다.

그러다 한근태 대표가 일러준 귀인의 재정의를 보게 되었다. 내용이 너무 좋아 귀인의 전문을 옮겨 본다.

귀인

사전적 정의

▶ 명사

1. 사회적 지위가 높고 귀한 사람
2. 조선시대에 후궁에게 내리던 종일품 내명부의 품계. 빈의 아래이다.

내 삶의 결정적 순간에 결정적 도움을 줘서 내 인생을 바꾼 사람이다. 엘비스 프레슬리는 매니저 톰 파커가 없었다면 로큰롤의 황제가 될 수 없었을 것이다. 세계적인 전도사 빌리 그레이엄도 그렇다. 그에 대한 글을 실어 미국 대중들에게 널리 알린 윌리엄 허스트가 없었다면 불가능했을 것이다. 우리 역시 마찬가지 아닐까? 지금의 나는 혼자 힘으로 여기까지 온 게 아니고 앞으로도 마찬가지일 것이다. 혼자 힘으로 올라가는 데는 한계가 있다. 주변이 도와주지 않으면 절대 이룰 수 없다. 귀인을 만나는 첫걸음은 나 자신이 먼저 다른 사람의 귀인이 되는 것이다. 다른 사람이 원하는 것을 얻을 수 있도록 도와주는 것이다. 근데 그런 기회는 어떤 식으로 올까? 부탁이라는 형태로 자주 온다. 다른 사람의 부탁이 당신에게 귀인이 될 기회를 줄 수도 있다.

이주봉 본부장은 타사에서 메리츠로 와서 고군분투 중이었다. 최근 승격에 탈락한 조직이 많이 이탈해 가족들 멘탈이 다 털렸다며, 확실한 동기부여가 필요하단다. 그래서 2024년은 새롭게 시작하고 싶다며 걱정과 다짐을 했다. 그런데 왠지 어깨엔 힘이 없었다. 그 모습이 자꾸 떠올라 책 페이지를 찍은 사진과 함께 문자를 보냈다. 가능한 마지막 시간으로 짜주면 맞춰보겠다고.

그리고 조회시간에 사정 얘기를 했다. 귀인을 놓칠 뻔했다고. 그래서 오후엔 사무실에 없다고 양해를 구했다. 거기다 한마디 덧붙였다.

"여러분에게 누가 도와달라고 하면, 그분은 귀인입니다. 귀인은 도움을 요청하면서 온답니다. 공은 뒤집으면 운이 되는데. 좋은 운을 받으려면 공을 많이 쌓으라고 합니다. 제가 아는 분은 길을 가다가 휴지를 줍는 것도 공이라 생각하고 열심히 줍는답니다. 우리 사무실에서 누가 귀인일까요? 도와 달라고 하는 후배나 어르신이 귀인입니다. 도와 줄 땐 생색내거나 귀찮아하지 말고 도와주셔야 됩니다. 많이 도와주실 거죠?"

우리 본부는 어르신 FP님이 많다 보니 교육을 해도 날마다 잊어 먹는다. 그러다 보니 젊은 FP에게 자주 묻곤 하는데 가끔은 구걸하는 것처럼 안타까울 때가 있다.

사무실 벽에 크게 써 붙여야겠다.

'누가 도움을 요청하는가? 그는 귀인이다.'

보험한 지 25년 되었다고 하면 사람들이 묻곤 한다. 다른 회사에서 근무한 적은 없는지? 메리츠에서만 근무했다고 하면 다들 놀란다. 어미 갈대는 죽은 후에도 편히 쉴 수가 없다고 한다. 새끼 갈대가 스스로 설 때까지 버팀목이 되어주기 위해서라고 한다. 다 자란 새끼 갈대가 제자리를 잡으면 소리 없이 쓰러진다고 한다. 새끼 갈대는 어미 갈대가 귀인인 셈이다.

　나는 메리츠의 뿌리 깊은 선배다. 뿌리를 단단히 내리고자 시도하는 후배들에게 든든한 버팀목이 되어 주고 싶다. 어미 갈대처럼.

깊은 물이니? 얕은 물이니?

Is it deep water? Is it shallow water?

어느 날 사원이 속상했는지, 마구마구 쏟아낸다. 동료와 마찰이 있었나 보다. 본부장 입장에서 누구 편을 들 수도 없고 참 난감했다. 그냥 보내면 문제 해결이 안 될 것 같고, 무슨 말이든 해야겠는데 뾰족한 수가 없다. 잠시 궁리했다. 고향 집 앞을 흐르는 낙동강이 생각났다.

"나 어릴 적 우리 집 앞에는 낙동강이 있어서 거기서 자주 놀았어, 근데 흐르는 강물을 가만히 보면 깊은 물은 조용한데 얕은 물은 시끄럽더라. 그래서 생각해 봤지. 나는 깊은 물일까? 얕은 물일까? 그때부터 깊은 물처럼 살아야겠다고 다짐했지. 하나만 물어봐도 될까? 너는 깊은 물이니? 얕은 물이니?"

"아 네 알겠어요."

어느 날은 사원이 골치 아파죽겠다며 흥분한다. 이래저래 들어줘도 흥분이 잦아들지 않는다. 마냥 편들어 주는 건 근본적인 해결책이 아닐 것 같아서 질문했다.

"그랬구나, 참 많이 힘들겠네. 근데 질문하나 해도 될까? 이 문제로 에너지 쓰면 생산되는 게 있어? 이제껏 살아오면서 이것보다 힘든 일은 없었어? 지금 이 문제가 목숨을 걸 만큼 소중해?"

"아 그러네요. 목숨 걸 만큼 소중한 건 아니네요."

사원이 와서 함께 온 동료의 얘기를 한다.

"B 언니요. 부천에서 무슨 일 있었는지 알아요?"

하면서 말을 시작한다. 듣다 보니 사적인 얘기다.

"A야 미안한데 B 얘기 그만하고 네 얘기만 해줄래? 본인 얘기는 본인한테 들을게. 그리고 B는 한 번도 너에 대해서 그렇게 말한 적이 없어. 네 칭찬만 했지."

며칠 후 A 사원과 B 사원이 식사를 했다. B 사원이 도착하기 전 A 사원이 말한다.

"본부장님이 무슨 뜻으로 그런 말씀하시는지 알았어요. 되게 부끄러웠어요. 깨우쳐주셔서 감사해요."

혼자 애 키우는 사원이 만 원씩 이만 원씩 돈을 빌린다고 한다. 쌀을 가불해 준다고 하니, 그렇지 않아도 쌀이 똑 떨어졌다며 좋아한다. 실적으로 빨리 갚겠다며 꾸벅 받아 간다. 그날 저녁 지점장이랑 통화했다.

"**FP한테 지원 좀 해주는 게 어떨까? 도입이랑 활동 열심히 하자고, 후보자 만나면 밥도 먹고 차도 마실 거니까 목표를 주고 지원하면 자존심도 살려주고 활동도 독려하고, 일석이조 아닐까?"

"아, 역시! 하나 배웠어요."

며칠 전 김정민 본부장이 사주카페 벤치마킹을 왔다.

"본부장님 저 신입사원 때 본부장님한테 들은 강의가 있는데요, 지금도 기억해요. 영업이 너무 힘들다고 사원들이 하소연하니까, 그러셨어요. '네가 고객을 위해 얼마나 수고했는지 생각해라.' 그다음부터 영업하다 힘들면 내가 수고를 덜 했구나, 생각하니까 마음을 고쳐먹게 되더라구요. 지금은 신입사원이 오면 본부장님 얘기랑 꼭 얘기해 주는 게 있어요. 백 개의 상품과, 천 개의 특약과, 만 개의 사연이 있는 게 보험이다. 그걸 다 습득해야 한다."

학습지 교사와 겸업을 하는 최희 FP가 후보자를 데려왔다.

"선생님이 언젠가부터 얼굴이 밝아졌어요. 궁금해서 물어보니까 메리츠에 다닌다고, 같이 가자고 해서 왔어요. 근데 솔직히 거절하면 어쩌나 자신 없기도 해요."

최희 FP가 받아친다.

"저는 사람들에게 당당하게 얘기해요. 그리고 거절해도 별로 신경 안 써요. 날 거절하는 게 아니라 상품을 거절하는 거잖아요. 그리고 거절을 만나는 횟수만큼 성장하잖아요?"

보통은 거절을 당한다는 피해의식에 절어있는데 거절을 만난다는 긍정으로 받아들이다니?

첫 본부장 스터디에서 청주의 한 본부장님이 소개를 시작했다.
"우리 본부에는 지난 두 달 영지반이 있었습니다. 지금은 모두 탈출했습니다. 영지반은 영업정지를 줄인 말입니다."
회식시간에 이유를 물어보았다.
"5명이 영업정지를 먹었는데요, 2달동안 한 명도 안 그만뒀어요. 저도 영업정지 먹었는데요. 다 출근해서 영지반 영지반 당당하게 활동했어요. 모 본부장님이 영지반 5명에게 200만원씩 지원해 주겠다고 했는데요. 그 중 몇 명은 안 받아 가겠대요. 그래서 일부러 지원조건을 안 맞췄어요. 그래서 영업정지 풀리고 시상으로 지원해 줬어요."

본부장은 본부에서 스타다. 거의 모든 일이 본부장의 방향에 따라 움직인다. 그래서 어떤 일이 발생했을 때 대처능력에 따라 결과는 확연히 바뀐다. 당신은 어떤 결과를 원하는가?
격언이 생각난다.
'조용한 물이 깊다'
'험담하는 사람은 세 사람을 죽인다. 험담하는 사람. 듣는 사람. 대상자다.'

철이 없어 그땐 몰랐어요

I didn't know at the time because I was immature

입사하고 5개월이 지났을 때다. 조회 시간에 지점장이 발표했다.

"퇴직금을 정산했습니다. 오늘 여러분께 구두를 쏩니다. 단 1인당 10만 원 한도입니다. 초과액은 본인이 부담하시는 겁니다. 모두 에스콰이아로 갑시다."

아직은 쌀쌀한 3월의 봄날이었다. 인도엔 녹기 시작한 눈들이 저벅저벅 인사를 했다. 지점 식구 모두 안양5동에서 1번가로 걸어갔다. 도착하자, 다들 신나서 구두를 골랐다. 아무리 찾아도 내게는 맞는 구두가 없다. 그래서 영에이지 심플 리트로 가서 단화를 골랐다. 7만 원이었다. 구두를 산 사람은 10만 원 한도인데, 억울한 생각이 들었던 나는 차액 3만 원을 달라고 했다. 황당해하던 지점장은 입사한 지 5개월 된 나를, '나 홀로 팀장'으로 임명했다. 지금 생각해 보면 감당이 안 되니까 없는 팀 하나 만들어 명

색만 팀장을 만든 게 아닌가, 싶다.

얼마 후 지점장이 발령 나고, 새로 온 지점장이 나 홀로 팀장으로 있으니 어이가 없었는지, 타지역에서 온 사원을 내 팀으로 붙여주었다. 어느 날, 그 사원과 다른 팀 사원과 같이 밥을 먹으러 갔는데, 다들 만 원짜리를 주문했는데 본인은 7천 원짜리를 주문했으니 3천 원을 달라고 한다. 말은 못하고 순간 당황했는데, 갑자기 구두를 사줬던 지점장 생각이 났다. '내가 얼마나 괘씸했을까? 3만 원 달라고 했을 때 이런 기분이었겠구나?' 순간 부끄러워졌다.

이후 나는 보험왕으로 메리츠에서 이름을 날렸다. 나를 모르면 회사에서 간첩이라고 할 정도였으니 말해 무엇 하랴! 그러던 어느 날 여자 지점장이 얘기를 했다.

"미순아 강 지점장이 니 말을 많이 해. 니가 보험왕이면 뭐하냐고? 싸가지가 없다고 니가 신발 살 때 3만 원 달라 했다며? 진짜 그랬어?"

가뜩이나 민망했는데 듣고 보니 더 민망했다.

"맞아요. 철이 그렇게 없었어요. 얼마나 황당하고 미웠을까요? 충분히 이해해요. 사과를 어떻게 하죠?"

사과도 못하고, 간간이 행사장에서 만나면 눈인사는 했지만 영 어색했다. 그렇게 10여 년이 흘러 그 지점장이 안양 지역으로 발령이 났다. 그날은 지역단에서 팀장 회식이 있었다. 술이 한잔 오르자 이때다, 싶어 지점장 옆으로 갔다.

"지점장님 드릴 말씀이 있어요. 10년 전에 지점장님이 퇴직금 털어서 신발 사주셨잖아요. 10만 원 이상이면 초과액은 본인이 부담하라고 했는데 저는 7만 원 써서 3만 원 달라고 했던 거 기억나시죠? 저를 위해 가수가 노래를 불렀나 봐요. 철이 없어 그땐 몰랐어요. 그 노래 들을 때마다 반성했어요. 얼마나 황당하셨겠어요? 메리츠가 저를 사람으로 만들었어요. 죄송해요. 철이 없어 그때는 진짜로 몰랐어요."

뒤늦게 용서를 구하니, 부둥켜안아 주며 거나하게 이해해 줬다.

내가 어떻게 CS 예절을 배울 수가 있었겠는가? 첫 돌 지나 아버지 사망하고, 생계를 책임지느라 늘 바빴던 엄마 밑에서 덩달아 하루하루 살아내기 바빴다. 열여섯 살에 사회생활을 시작한 나는 배려나 예절을 배우기보다 내 것을 지키기 위해 안간힘을 썼다. 남을 챙기기보다 내 것을 먼저 챙겼고, 입장 바꿔 생각할 줄 몰랐다. 영업이 아니었다면 메리츠가 아니었다면 내가 이만큼 자랐을까?

몇 년 후 그 지점장은 지역 단장이 되었다. 그때의 죄송함을 만회할 시간이 와 줘서 정말로 감사했다. 목숨 걸고 영업했고, 연도 대상을 계속 수상했다. 그게 내가 어제의 부끄럼을 갚는 유일한 길이고 최고의 길이었다.

작년 이맘때쯤 부고를 받았다. 단장 부친이 사망한 것이다. 장례식장을 찾으니 형제들 우애가 남달랐다.

"훌륭한 단장님을 키우신 아버님께서 가셨군요. 목사님의 명복을 빕니다."

고인이 주신 마지막 밥상을 대접받으며 이십 수년 전 얘기와 단장과의 인연을 이야기했다.

자식은 부모의 등을 보고 자란다고 하던가? 자식은 부모의 거울이라는 것을 확인한 감동적인 장례식장이었다. 훌륭한 아들을 상사로 준 부친에게 마음 깊이 감사를 드리며 돌아섰다.

동기부여를 하는가? 스트레스를 주는가?

Is it motivating? Is it stressful?

홍해영 본부장이 전화를 해서 속사포처럼 얘기한다.

"언니! 왜 이렇게 영업 잘하는데? 강대윤 RM님이 엄청나게 칭찬해, 남미순 본부장은 물건 맨날 쌓아 놓고 쓴다고, 나 보고 남미순 본부장한테 좀 배우래? 어떻게 하는 거야? 비결 좀 알려줘? 물건은 도대체 어디서 사는 거야?"

본부 시상 내용이랑 운영 내용을 사진 찍어 보내고 대충 설명했다.

"언니, 스트레스 주는구나? 맞아 사원들은 팍팍 쪼아야 해?"

하고 되묻는다.

"스트레스가 아니고 목표를 주는 거지, 동기부여, 영업을 독려하는 방법의 하나."

"아하, 같은 말도 뜻이 다르네, 맞다, 동기부여! 나도 영업을 독려해야지!"

12월은 승격 마지막 달이다. 팀장과 지점장이 승격을 포기하고 다음 분기에 도전하겠다고 한다. 결단을 내려야 한다. 조회 시간에 사원들에게 질문했다.

"영업 일이 14일이나 남았는데 지점장과 부본부장 도전을 포기해야 할까요?"

한 사람 한 사람 구체적으로 물으니 도전하겠다고 한다.

"오늘부터 말일까지 조회 끝나면 11시 30분까지 집중적으로 설계합니다. 설계하다 어려우면 리더들이 도와주시고요. 강주영 매니저님이 말일까지 매일 업무 지원합니다. 그리고 두 분 매니저님은 말일까지 저랑 야근 반입니다."

그날 오후 사원이 살짝 와서 한마디 한다.

"우리 본부는요, 본부장님이 한 번씩 뒤집어야 일을 하는 것 같아요."

내리 사흘 야근했다. 투잡인 사원은 퇴근 후 사무실에 오면 오후 7시고 몇 가지 설계하다 보면 밤 11시다. 사주카페 끝나고 후보지 면담하고 어영부영하다 보면 훌쩍 밤 10시다. 집보다 사무실이 더 편하다. 나는 왜 퇴근을 못 하는가? 할 일이 남았기 때문이다. 목표에 도달하지 못했기 때문이며 책임질 일이 남았기 때문이다. 그것이 내겐 동기부여다. 늦게까지 일하면서 스트레스라 생각해 본 적은 없다. 하기 싫은 일 억지로 하면 스트레스이고 즐겁게 하면 동기부여가 아니겠는가? 하지만 때때로 며칠씩 야근이 지속되면 슬금슬금 포기가 올라오기도 한다. '일하기 싫어! 목표고 뭣이고 안 하면 안 될까?' 그럴 때마다 스스로에게 동기부여를 한다. 손에서 그물을 놓지 않는 어부처럼, 손에서 곡괭이를 놓지 않는 농부처럼, 손에서 팬을 놓지 않는 조리사처럼. '이러면 안되지 안돼'하며 날마다 벌떡 일어선다.

사전을 뒤지니, 스트레스는 적응하기 어려운 환경이나 조건에 처할 때 느끼는 심리적 신체적 긴장 상태를 말하고, 동기부여는 집단이나 개인 혹은 동물에게 어떤 특정한 자극을 주어 목표하는 행동을 불러 일으키는 일이라 한다.

일하다 보면, 스트레스가 쌓일 때가 많다. 업무가 이해 안 될 때, 고객이 억지 부릴 때, 보상이 원활하지 않을 때, 사원들끼리 다툴 때, 일이 없을 때 등등. 그런데 바쁠 때는 스트레스가 쌓이기보다 피로가 쌓인다. 때로 바쁜 업무는 짜릿한 희열을 주기도 한다. 나는 오히려 한가한 날보다 눈코 뜰 새 없이 바쁜 하루가 좋다. 그래서 계속 일을 만든다. 사원들에게 문자 보내게 하고, 설계하게 하고, DM 보내게 하고, 택배 보내게 하고, 호출하게 하고, 개척 나가게 하고, 방문 나가게 하고, 고객 모셔 오게도 한다. 일을 하라고 동기부여 하는 것이다. 동기부여는 심폐소생술과 같다. 동기부여를 하지 않으면 조직은 죽는다.

오래전 다이어리에서 메모를 발견했다.
'바쁜 업무는 새 물과 같다. 우물에서 계속 솟아나는 새 물이 우물을 살

리는 것이다'

　동기부여는 조직에 붓는 새 물인 것이다.

본부장 이야기

General Manager's Story

그날 아침은 비가 왔다. 빗속을 뚫고 올 사원과 출근을 머뭇거릴 사원을 생각하며 활짝 펼친 우산을 들고 사진을 찍어 단체 톡 방에 올렸다.

'빗길 조심해서 오세요. 오늘은 오시는 모든 분께 고급 우산을 드립니다.'

우산 약발이 먹혔나 보다. 평일과 다름없이 많은 사원이 출근했다. 조회가 끝날 무렵 우산을 나눠줘야 하는데, 지각한 사람이 3명이 있었다. 어찌해야 하나? 순간 고민을 하다가 사원들에게 물었다.

"빗속을 뚫고 오시느라 고생하셨습니다. 오늘 정상 출근하신 분은 약속대로 우산을 드리겠습니다."

"와!"

함성이 이어졌다. 그런데 지각한 세 명이 울상이다. 좋은 수가 없을까?

"여러분! 오늘 세분이 늦으셨는데요, 한 분은 진정임 여사님, 초보 운전이라 빗길이어서 늦으셨나 봅니다. 한 분은 목발 짚고라도 오신 안나겸님, 한 분은 신입사원입니다. 이분들은 어떻게 할까요? 우산을 드릴까요? 말까요?"

순간 반응이 없다. 재차 물었다. 그제야 이해했는지

"다 주세요." 한다.

시상을 걸면 기준안을 만든다. 그러다 보니 가끔 기준을 안타깝게 벗어나는 경우가 있다. 무시하고 주자니 원칙을 깬다고 할 것 같고 안 주자니 소심한 사원들이 걱정된다. 몰래 주면 '누구만 주더라'는 뒷말이 나온다. 주고 싶은데 어찌할까? 걱정될 때 다수의 의견을 구하는 것도 좋은 방법이다. 본인에게 물리적인 손실이 없으니 마다할 리 없고, 의견을 구했으니 '내가 주었다' 라는 자부심도 느끼게 된다. 당연히 '우리 본부장은 공평해' 라는 의식도 심어 줄 수 있다. 1석 3조의 효과가 나온다.

지점장 시절 자녀 방학 핑계를 대고 출근하지 않던 사원이 한 달 만에 사무실에 나왔다.

"영란아 지난달에 출근하신 분들 떡볶이 세트 택배로 보냈는데 반응이 짱이었어. 다들 드렸는데 너는 못 줬다. 안 준거 아니다. 안 나와서 못 준거야."

당황하는 기색이 역력하다. 이때다, 하고 한마디 더 했다.

"나랑 밥 먹으러 가자." 그 말 한마디에 일제히 눈들이 쏠렸다.

"다들 갑시다. 밥 먹으러 갑시다."

20명이 따라나섰다. 김치찌개 전골을 시키니 어르신들이 소주도 주문한다.

"여러분 오늘은 영란이가 쏩니다. 영란이가 한 달 팽팽 놀았지만 지금부턴 새 마음으로 일하겠다고 여러분께 쏘는 겁니다. 영란이에게 감사 인사를 하고 드십시다."

다들 영란이에게 잘 먹었다고 인사를 건넸다. 돌아오니 정임 여사가 한마디 한다

"지점장님 어떻게 그런 생각을 하셨어요? 같은 돈도 효율적으로 쓰고, 짱입니다. 다들 기분 좋게 잘 먹었습니다. 영란이도 열심히 할 거예요."

영란이는 별명이 한량이다. 하지만 맘만 먹으면 열심히 한다. 현재는 지점장 도전 중이다. 어느 날 한량이 한마디 한다

"내가 본부장님 왜 좋아하는 줄 알아요? 진심이 있잖아요. 그래서 좋아해요."

며칠 전 야근하는 사원들 김밥 심부름을 시켰더니 국물을 빼먹고 왔다.

"추운 날 먹다가 체하잖아. 국물을 빼 먹으면 어떻게 해?" 했더니

"로또 맞아! 안 맞아, 진짜 안 맞아!" 한다. 한바탕 웃었다.

회식할 때 가끔 부진한 사원을 주인공으로 만들어 보라. 돈은 내가 쓰지만, 그에게는 '나도 주인공'이라는 선물을 주는 셈이다. 잘하지는 못했지만, 주인공으로 만들어 줬다는 자부심에 더 최선을 다하는 사원이 된다. 나의 오른팔이 된다.

좋은 직업의 조건

Conditions for a good job

　야근하고 오는 길 지하 주차장에서 내리는데 "형수니이임!" 하고 부른
다. 깜짝 놀라 돌아보니 남편의 후배다. 사원과 통화를 하다가 얼른 끊었
다. 격하게 끌어안고 난리도 아니다. 남편이 "내 마누라야. 니가 왜 흥분하
고 그래?"한마디 한다.

　얼마 전 후배가 시스템 개발을 도와주러 왔을 때 분명히 같이 밥을 먹자
고 남편에게 얘기했는데 둘이 먹었단다. 왜 안 불렀냐고 화를 냈더니

　"홍 부장 와이프 길어야 두 달이래? 의사가 마음의 준비를 하라고 했다
네, 가뜩이나 힘든데 너까지 부르면 더 심란할까 봐 안 불렀어. 그냥 소주
한 잔 먹여서 보냈어." 대꾸한다.

　2년 전 여름 자녀들 보험계약 하느라 성남에서 봤을 때 암으로 10년째
투병 중이라고 했다. 잘 견디나 했는데, 그렇게 목숨이 다해 간다니, 가슴

이 아팠다. 이튿날 후배 통장으로 남편에겐 말도 없이 100만 원을 보냈다. 그리고 문자를 보냈다.

'동생 가고 나니 못해 준거만 남아요. 살아있을 때 맛있는 거 한 번이라도 더 사주세요. 간병하느라 고생하겠지만 투병하는 사람도 힘들거든요. 힘내세요!'

며칠 후 남편이 후배에게 전해 들었는지 이쁜 짓 한 마누라 엉덩이 두들겨줘야겠다며, 툭툭 쳐댄다.

엊그제는 후배가 술 거나하게 취해서 형수님 우리 형수님 전화로 노래를 불렀다. 와이프랑 해외여행 가기로 했다며, 처음이라고 살아있을 때 다 해주려 한다고 형수님 말 듣길 잘했다고 들떠서 자랑했다. 그러고 만났고 술도 한 잔 했으니 그 난리법석을 부린 것이다. 왜 사는가? 돈은 왜 버는가? 돈은 어떻게 써야 하는가? 만감이 교차했지만 돈 쓰길 잘했다는 생각에 스스로 대견했다.

작년 이맘때 6촌 올케가 서울 순천향병원에 입원했다고 연락이 왔다. 자궁암이 뇌까지 번져 울산에서 올라왔는데, 수술도 포기하고 바로 자궁을 닫은 모양이다. 면회할 시간도 없이 조카랑 울산을 가버렸다. 내가 초등학생이었을 때 시집온 올케였다. 태백산맥 골짜기로 이바지해 오던 날 접시꽃처럼 예뻤던 올케였다. 내가 보험을 시작했을 때부터 변함없이 고객이 되어준 올케이기도 했다. 눈물이 볼을 타고 흘렀다. 조카에게 옛 얘기를 하며 엄마 맛있는 거 사주라고 100만 원을 보냈다. 죽은 다음에 부의금 보내는 것보다 살아있을 때 맛있는 거 대접하고 싶었다. 며칠 후 육촌 오빠가 사망했다는 연락이 왔다. 올케가 사업장 살림을 감당했나 본데, 오빠 혼자 감당하려니 벅찼나 보다. 스스로 목숨을 끊었다. 오빠 장례식장을 다녀오는 길에 조카들이 엄마가 주랬다며 여비를 준다. 뿌리치다 받았는데 열어보니 50만 원이 들어있다. 몇 달 후 올케도 사망했다. 그대로 다시 부의금으로 보냈다.

오늘 조카가 전화했다. 아버지 사업장 잘 정리했냐고 물으니

"고모님 말씀 주신대로 잘 정리했습니다. 인자, 아버지 보험 정리하러 가려 합니다. 그리고 우리 보험도 어떻게 하면 되는지 함 봐 주이소? 부탁드립미데이. 어무이 일도 참 고맙습미더" 연거푸 인사한다.

오늘 친구가 다녀갔다. 오빠가 직장암 말기인데 항암치료 때문에, 병원에 가느라 다녀간다고 했다. 환갑이 넘은 장가 안 든 오빠를 팔순 아버지가 병원비며 생활비며 병시중까지 하는 모양이다. 일을 다녀와서 밥상까지 차린다고 했다. 정신력으로 버틴다며 오빠가 가면 아버지가 어떻게 될지? 걱정을 풀어놓았다. 호스피스 요양원을 알아보고 있는데 비용 걱정에, 장례를 치를 걱정에, 걱정이 참 많기도 했다. 새로 생긴 함백산 추모공원을 소개하며 비용이 줄 거라며 걱정을 덜어줬다. 저녁을 사주고 지하주차장까지 내려가 쌀이며 김이며 잡다한 생활용품 꾸러미를 챙겨 실어줬다. 일산에서 친구 오빠에게 해장국을 얻어먹던 기억이 난다.

친구를 보내자마자, 다른 친구에게서 전화가 왔다. 어제 동창회 사진에 왜 안 보이냐고? 행사장 가느라 못 갔다고 하니 본인도 못 갔단다. 아버지 돌아가시고 어머니가 넋이 나가서 꼼짝 못 하고 있다고 했다. 좀 전에 다

녀간 친구 이름을 대니 보고 싶다고 안부를 물었다. 다행인지? 불행인지? 나는 이미 다 겪은 일들을 친구들이 겪고 있는 모습을 보니 애잔함이 밀려온다. 다녀간 친구에게 전화를 걸어 잘 도착했는지 물었다. 전화 온 친구 얘기를 하며 엄마 돌보느라 그 친구도 고생이 많다고 얘기하며,

"나는 다 겪었는데 니들은 시작이네 우짜노?" 하니

"그래서 니가 선생님 같아서 좋아. 다 겪고 나서 알려 주니까 너무 좋아!"

웃어야 할지? 울어야 할지?

좋은 직업의 조건 6가지가 생각난다.

1. 남에게 도움이 되어야 한다.
2. 지식, 경험, 노하우, 평판 등이 축적되어야 한다.
3. 뭔가 배울 게 있어야 한다.
4. 돈이 되어야 한다.
5. 시간적으로 공간적으로 자유로워야 한다.
6. 나이 들어도 할 수 있어야 한다.

먹고 살려고 시작한 직업이다. 하지만 나이가 들수록 내 직업이 좋다. 위에서 얘기한 좋은 직업의 조건을 모두 다 갖고 있다. 이런 직업을 갖고 있다는 사실 내가 누군가를 돕고 있다는 사실이 참 좋다.

일할 때가 제일 즐거워

I'm most happy when I'm working

7지점 DB 방문 방에 낯익은 이름이 올라왔다. 하나 지점장이 내가 준 DB로 방문 약속을 잡은 모양이다. 혹시나 내가 아는 사람일까? 코칭을 해 줘야겠다 싶어 확인을 하니, 아니나 다를까 고객으로 만났지만,'친언니'같은 그리운 그 사람이 맞다.

입사하고 1년쯤 지났을 무렵이다. 뚜벅이 시절 소개를 받고 물어물어 찾아간 곳은 군포시 소재 환경업체였다. 샌드위치 판넬 건물에 높이 달아맨 계단을 헉헉거리며 올라 2층 사무실에 들어서니 물건 팔러 왔냐고? "안 사요." 한마디로 거절한다. 그때는 회사명을 바꾸기 전이라 동양화재 남미순이라고 인사하니 양손에 가득 든 판촉물을 보고 외판원으로 오해했다며 미안하다고 난로 앞으로 부른다. 들고 간 판촉물을 내려놓으니, 무슨 물건을 이렇게 많이 주냐며 놀라더니 갑자기 어디론가 전화한다.

"인천에 사는 동생인데 곧 산본으로 이사 와요. 사람은 일을 해야 해! 보험이 좋은 것 같아요. 데려다가 일 좀 가르쳐줄래요? 주변에 보험 영업하는 사람이 많긴 한데 믿음이 안 가요. 남미순 씨는 처음 봤지만 동생을 소개해 주고 싶어요."

그렇게 점숙 씨를 소개받았다. 점숙 씨는 금정역 래미안이 재건축하기 전 주공아파트로 이사를 왔다. 집 앞이 산본 시장이라 거기서 개척 영업을 했다. 3년을 열심히 했는데 미국으로 이민 가면서 회사를 그만두게 되었다. 언니는 내가 또 관리하게 되었고, 자연스레 친해졌고 소개도 많이 했다. 이후 마도로 이사갔는데, 한 번씩 방문 가면 동생 생각이 났는지 맛있는 끼니를 꼭 챙겨주었다. 두런두런 이야기를 나누면서 눈물 콧물 바람을 하며 점숙이를 그리워했다. 참 좋았던 시간이다.

그러다 아들까지 데려왔는데 정말 열심히 했다. 그런데 젊은 친구라 의욕만큼 거절에 따른 상처도 컸는지 고생은 고생대로 하고 일이 익을 때쯤 그만두었다. 아주 아쉬웠다. 아들이 그만둔 후 또 관리하다가 본부장이 되면서 사원에게 관리를 넘겼는데 하나 지점장이 방문 약속을 잡은 것이다. 보내기 전 전화를 걸었다.

"언니 잘 지내시죠? 하나 지점장이 언니 만나러 간다고 해서 혹시 필요한 거 좀 챙겨드릴까, 하고 겸사겸사 전화 드렸어요. 다이어리랑 달력 좀 챙겨드릴까요? 그리고 쌀 사 드시죠? 맛있는 수향미랑 새우김 좀 보내 드릴게요. 무지 맛있어요. 그리고 하나 지점장 열심히 하는 친구예요. 잘 부탁드려요."

반가워하는 목소리가 전화기를 넘어왔다.

"아이고 굳이 안 와도 되는데 온다네. 우수 사원인 가봐? 그래서 보기로 했어요."

활동 다녀온 하나 지점장에게 잘 다녀왔냐고 물었다.

"말씀 엄청나게 잘하세요. 은경 언니가 배우고 싶다 해서 같이 갔는데 셋이서 휴지통 붙잡고 엄청 울었어요. 자식 키운 얘기부터 사장님 얘기까지 은경 언니가 감동이래요. 다음부터 자기는 돈 안 받아도 되니까 당분간 따라다니면서 배우고 싶대요."

"본부장님을 남 팀장이라고 하던데요. 서운한 얘기도 했어요. 남편 상해 보험도 추가해야 했는데 안 왔다고, 그래서 제가 그랬어요. 본부장님 무지무지 바쁘다고, 그래서 본인이 전화할 시간이 없기 때문에 오는 전화는 바로바로 받아서 응대한다고, 우리한테도 전화 잘 받으라고 가르치세요. 그랬더니요, 주변에 보험 하는 사람이 왜 없겠냐고? 그런데 남팀장처럼 전화 빨리빨리 받고 빨리빨리 업무 처리하는 사람은 잘 없대요. 그래서 본부장님을 신뢰한대요."

"지금은 우리 본부장님이세요 하니까, 팀장 시절에 소개 많이 해줘서 그 자리까지 간 거라고 엄청 좋아하셨어요."

"이번 목요일에 다시 방문 약속 잡았어요. 있는 거 해약은 안 할거래요. 부족한 거 잘 챙겨서 설계해 달래요. 일단 승인은 받았는데 다시 잘 검토해서 간다고 했어요. 정말로 감사드려요. 열심히 하겠습니다."

전화를 끊으니, 어제의 일들이 파노라마처럼 스쳐 지나간다. 언니가 살던 아파트 담벼락을 채운 개나리들, 울긋불긋한 마도 초등학교, 개발하기 전 화성의 시원한 논밭들, 함께 먹었던 짬뽕, 도토리전문점의 갖가지 요리, 아들과 같이 갔던 전주 동생네, 거기서 박스 째 주던 고슬고슬 말린 시래기, 지리산자락에서 익어가던 넉넉한 감들, 몽실몽실한 비구름들, 하늘하늘한 산안개들. 이어지는 어제들에 눈시울 적신다.

"미순아 너는 일만 하는 게 안 억울해 하고 싶은 게 없어?" 어제 방문 온 친구가 물었다.

"하고 싶은 거 하고 있어. 일! 일할 때가 제일 즐거워!"

그렇다. 나는 일로 울고 웃는다. 희로애락을 일과 같이한다.

할 말 다 하는 조직으로 만들어라

Make it an organization that says everything it needs to say

지난달 독서토론을 갔더니 시작하기 전, 한근태 대표가 한마디 한다.

"남 본부장 오전에 부천센터 독서토론 할 때 남 본부장네 얘기를 했어요. 남미순 본부장네 말이야, 안양 탑본분가? 독서토론 했는데 분위기가 아주 좋아! 남미순 본부장 회사에다 할 말 다하잖아! 근데 거기 갔더니 그 본부 식구들도 할 말 다하더만! 사원들이 할 말 다하게 해야 하는 거거든!"

한 달에 한 번 인천 가족 안양 가족 합해서 합동 조회를 할 때였다. 합동 조회는 한 달 총정리와 시상 및 신입사원 소개, 우수사례 발표, 독서 토론, 외부 강사 초청 강연 등 다양한 이벤트로 진행한다. 그날도 타사에서 온 신입사원이 차례가 되어 자기소개를 시작했다.

"저는 KB에서 온 ***입니다. 메리츠는 실적 구간도 없고, 수수료도 높고, 출근도 안 해도 된다고 해서 왔습니다."

그러자 갑자기 한 사원이 큰소리를 냈다.

"본부장님! 출근 안 해도 되는 거예요? 우리 내일부터 출근 안 해도 되는 거예요? 그건 아니잖아요? 확실히 해 주세요."

순간, 매서운 겨울날 찬물 뒤집어쓴 듯, 정적이 흘렀다. 신입사원도 당황하고 나도 당황하고, 사원들도 어쩔 줄 몰라 했다. 잠시 짬이 흘렀다. 잘 대처해야 한다. 어떻게 나왔는지도 모를 말이 줄줄 나왔다.

"맞습니다. 안나겸 FP님 말씀이 당연히 맞습니다. 당연히 출근해야 합니다. 출근해서 조회 참석을 해야 합니다. 공지 사항도 전달받아야 업무에 누수가 없고, 출근해서 설계도하고 전화도 하고 DM도 보내고, 그래야 능률이 오릅니다. 메리츠는 출근이 자유롭다는 것이지 출근하지 말라는 뜻이 아닙니다. 자율적으로 본인이 판단하여 책임지고 영업하라는 것입니다. 제가 언제 여러분께 출근 안 한다고 뭐라 한 적 있습니까? 여러분 스스로 책임지고 출근하고 일을 하므로 쓸데없는 잔소리는 안 하는 것입니다. 여러분 다시 말씀드립니다. 출근은 하시는 게 맞습니다. 출근 잘 해주실 거죠?"

안나겸 FP는 할 말 다하는 대표주자다. 할 말은 다하지만 경우에 틀린 말은 없다. 뒤끝도 없다. 일도 열심히 한다. 수술하고도 목발 집고 출근하는 사원이다. 얼마 전에는 고액계약이 취소를 당해 울상이었다. 타사 설계사가 자꾸 훼방을 놓는 모양이다. 2주를 힘없이 다니는 모습에 맘이 쓰였는데, 와서 신나게 자랑한다.

"본부장님 그거 취소한 계약 다시 들어가기로 했어요. 그동안 문자 보내고 타사에 가입한 거 계속 비교해 줬어요. 조금 줄이긴 했지만 그래도 다시 넣는 게 어디예요."

본부장도 사원이고 사람이다. 하지만 리더이다. 그렇지만 만능은 아니다. 나는 내가 제일 잘한다는 착각에서 일찌감치 벗어났다. 그러길 정말 잘했다는 생각을 자주 한다. 왜냐하면 나보다 우수한 사원이 많기 때문이다. 내가 제일 좋아하는 고사성어는 청출어람 청어람靑出於藍 靑魚藍 이다. 남색은 청색에서 나왔지만, 청색보다 더 진하다. 신입사원이 고객을 쉽게 설득하도록 형형색색 형광펜으로 칠한 제안서를 만들어 주는 강주영 매니저, 하나를 알려주면 서너 개를 더 얹어 응용하며 교육하는 김민혁 매니저, 본부 내에 법적인 것들을 내 일처럼 친절히 알려주는 주진섭 부본부장, 하루도 빠짐없이 이른 아침 글을 올려주는 한지수 지점장, 밤을 새워가며 사원들 얘기를 들어주느라 한잠도 못 잤다는 한하나 지점장, 민원고객 던져 줘도 우수고객으로 만들어 오는 서희원 지점장, '우리 동네'에서 강제퇴장을 연거푸 당해도 꿋꿋이 들어가 도입하는 김영란 팀장 등등. 그래서 나보다 더 잘하는 리더에게 신입사원을 믿고 맡긴다. 그리고 회의나 조회 때 간혹 얘기한다.

"본부장도 사람입니다. 모르거나 실수할 수 있으니 언제든 따져 주세요. 언제든 이의 제기해 주세요."

나보다 더 훌륭한 사원이 아주 많이 늘어가는 것은 무엇보다 보람차고 값진 일이다. 나이 든 여자는 자식 자랑으로 본인을 얘기한다는데 본부장은 사원 자랑으로 자신을 얘기해야 한다. 나는 우리 사원을 자랑스럽게 얘기하고 싶다. 과거에도 그랬고 지금도 그렇고 미래에도 그럴 것이다.

"나 이런 본부장이야!"

용서는 즉시 구하라

Ask for forgiveness immediately

　　딸이 고3 때 애들 아빠와 안양지원에 가서 이혼서류를 접수했다. 애들 둘 다 19세 미만이라 숙려기간에 대한 안내가 있었고, 영상교육이 있었다. 아이들에 대한 미안함에 가슴이 아렸다. 접수를 끝내고 오는 길에 학교에 들러 딸을 태우고 왔다. 차 안에서 전남편에 대해 화풀이했던 것 같다. 딸은 뭐라고 해도 잘 대꾸를 안 하고 대부분 수긍하거나 참는 편인데 그날따라 화풀이하는 강도가 셌는지 갑자기 악을 쓰며 울부짖었다. 순간 마음 다친 딸을 영원히 잃을 것 같다는 생각에 겁이 덜컥 났다.

　　"누리야. 엄마가 미안해, 네 잘못이 아니라, 아빠에게 화난 것을 그러면 안 되는데 너한테 화풀이했어. 정말 미안해. 엄마를 이해할 거로 생각하고 믿고 화풀이했어. 정말 미안해. 다시는 안 그럴게. 엄마를 용서해 줘"

　　바로 사과했다. 싹싹 빌었다. 진심으로 용서를 구했다. 그리고 둘이 한참을 울었다.

몇 년 전, 인천에 포스트를 오픈했다. 당시에는 단체 도입 시상이 가장 박할 때였다. 그래서 모 본부장, 본부장인 나, 당시 팀장이던 주진섭 부본부장이 권리 소득을 합해서 1년 동안 투자하기로 하고 경력사원을 도입했다. 매월 실적을 계산해서 수기로 지급하다 보니 간혹 이의 제기를 하는 경우도 있다. 그날도 주진섭 부본부장이랑 지원금 문제로 통화했는데 통화 중에 짜증이 올라왔다. 일단 통화는 끝냈는데 전화를 끊고 나서 나도 모르게 짜증을 뱉어냈다. 그런데 전화기가 끊어진 상태가 아니었다. 아차, 이 일을 어찌할꼬! 민망함에 낯이 붉어졌다. 어떻게 수습해야 할지? 참으로 난감했다. 일단 전화로 미안하다고 먼저 사과했다. 그리고 며칠 후 인천사무실 근처 커피숍에 앉아 다시 그때 일을 사과했다. 진심으로 미안하다고 용서를 구했다.

입사하고 2년쯤 되었나 보다. 나는 팀장인데, 지점장은 툭하면 '이년아, 저년아' 하고 불러댔다. 그건 그 양반의 친밀감 표시이기도 했다. 그런데 고객 앞에서는 참 난감했다. 그래서 어느 날 면담을 요청했다.

"지점장님 드릴 말씀이 있어요. 시간 좀 내주시겠어요? 장소는 조용한 곳으로 가서 말씀드리고 싶은데요."

그리고 단둘이 앉아 자초지종을 얘기했다.

"지점장님이 저 예뻐서 이년아, 저년아 부르시는 것 감사한데요, 손님이 오셨을 때는 팀장이라고 불러주셨으면 좋겠어요. 고객들 앞에서 이년아, 저년아 부르면 고객들이 저를 실력 있는 사람이라고 생각할까요?"

지점장은 바로 사과했다. 진심으로 용서를 구했다. 이후 내게 가르쳤다. 잘못했을 땐 싹싹 빌라고 했다. 대충 엎드리지 말고 납작 엎드리라고 했다. 그리고 용서를 구할 땐 용서만 구하지 절대 변명은 하지 말라고 했다. 가끔 "지점장님 저랑 애기 좀 하실까요?" 하면 "미순아 니가 애기하자고 하면 겁나!"하며 깔깔 웃었다.

사원들에게 코칭을 하다 보면 가끔 주눅이 들지 걱정될 때가 있다. 그래서 요즘은 두 손으로 비는 시늉을 하며 한마디 한다.

"혼내서 미안해. 용서해 줘."

그리고 깔깔 웃는다.

우리는 서로를 자유롭게 해 줄 때 단단한 끈처럼 끊어지지 않고 더 단단하게 아름다운 관계를 지속할 수 있다. 그것은 진정한 사과와 용서로 만들어진다.

내가 생각하는 사과는 승자의 언어다. 강한 자만이 사과할 수 있다. 그렇다면 사과는 정확하게 어떤 의미일까? 사과謝過는 쏠 사 플러스 과오의 과이다. 단어 그대로 자신의 과오를 말로 애기하는 것이 사과이다. 영어로 사과Apology는 그리스어 'apologia'에서 유래했다. 'apo(떨어지다)'와 'logos(말)'가 합쳐진 말이다. '죄에서 벗어날 수 있는 말'이라는 의미이다. 사과해서 죄에서 벗어나라는 것이다. 사과를 통해 얻을 수 있는 가장 큰 이득은 그것을 통해 마음의 짐을 덜 수 있는 것이다. 근데 사과의 핵심은 무엇일까? 자신의 과오가 무언지를 정확하게 얘기해야 한다. 나의 이러이러한 면이 잘못되었다는 것이 전제되어야 한다. 근데 정치인들의 사과에는 그렇지 않은 경우가 많다. 말로는 사과하지만, 도대체 무엇을 잘못했다는 것인지가 없다. 핵심이 빠져있다. 대신 변명으로 일관한다. '그러려고 한 게 아닌데 사람을 잘못 쓴 것 같다. 그 사람이 그럴 줄은 몰랐다'는 식이다. 참 기가 찬 일이다. 사과를 제대로 하지 못하면 일을 키운다. 한근태 님이 말한 '변명으로 사과를 망치면 안 된다 Never ruin an apology with an excuse' 라는 격언이 다시 떠오른다.

가끔, 소외된 사원을 주인공으로 만들어라

Sometimes, make the outcast the protagonist

평균연령 60.2세인 사원 열서너 명으로 시작한 지점이 본부가 된 지 5년째다. 재적인원도 200명을 넘었다. 송년회를 제대로 해야겠다고 생각했다. '마벨리에'에 예약하고 지점장들에게 송년회 계획을 짜 보라고 했다. 1부는 2023년 리뷰 및 시상, 2부는 장기 자랑 3부는 식사 순으로 짠 계획안을 보고했다. 그런데 장기 자랑을 한 팀만 신청했다고 한다. 이걸 어째? 2부는 '2023년 우리들의 이야기'를 주제로 급하게 변경했다. 대상자는 모든 사원으로 했다. 수상자 11명은 소감 발표로 대체하고, 2부에선 제외했다. 어르신 사원, 선배 사원, 신입사원들을 뽑아 본인에게 알리고, 한마디씩 제목을 뽑아 발표자 이름 위에 넣었다. 몇 분이 고사해서 최종 열두 명을 발표자로 선정했다.

1부에서 축하 인사와 성과 분석이 끝나고 시상 시간이 되었다. 수상자들이 수상소감을 하면서 눈물바다가 되었다. 지난 1년간의 감회가 밀려오는 모양이다. 왜 아니겠는가? 타사에서 넘어와 부본부장 승격에서 탈락하고, 조직 마찰로 이탈도 하고, 힘들게 한 계약이 해지되고 취소되고, 다시 마음잡기까지 함께 지난했던 시간을 생각하니 나도 눈물이 쏟아졌다. 우린 서로 그렇게 '지난한 2023년'을 보내는 것이다.

2부 우리들의 이야기가 시작되었다.

나이? 묻지도 따지지도 말라. 메리츠 설계사 하기 딱 좋은 나이지! 윤명희 FP의 발표가 있었다.

"아주 젊은 날에 시작했더라면 지금 같은 마음으로 사람들을 보지는 못했을 겁니다. 60 넘어 보험 일을 시작하니 돈보다는 걱정과 진심으로 사람을 보게 되고, 상대의 입장에서 꼭 필요한 것만 안내하게 되니, 진솔하게 영업하게 되더군요. 그래서 드는 생각은 늦은 나이에 시작해도 참 괜찮은 직업이 보험설계사인 것 같습니다. 저는 건강이 허락할 때까지 이 일을 할 생각입니다. 이 일을 안내한 본부장님께 감사드립니다."

허세? NO! 성실? YES! 성공으로 가는 열쇠! 박영주 팀장의 발표가 이어졌다.

"큰 성공은 운도 따라줘야 하고 능력도 뛰어나야 하고, 아무나 할 수 없다고 생각합니다. 하지만 작은 성공은 마음만 먹으면 누구나 가능하다고 봅니다. 저는 작은 성공은 했다고 자부합니다. 작은 성공은 허세 부리지 않고, 약속 잘 지키고, 성실하고, 하고 싶은 것을 할 수 있는 자유가 있고, 하기 싫은 것은 하지 않아도 될 자유가 있는 것이라고 생각합니다. 한 회사를 20년 다니면 작은 성공은 누구나 할 수 있습니다. 내일 모래면 70인데요. 지금 나이에도 열심히 내 일을 할 수 있다는 게 작은 성공이라도 생각합니다. 여러분도 여러분만의 작은 성공은 꼭 이루시기를 바랍니다."

웰스 지점장? 노노! 이젠 메리츠다! 채주영 팀장의 발표가 이어졌다.

"지난 연말 웰스 송년회가 끝나고 맛이 갔습니다. 그래서 바로 남미순 본부장님 만났습니다. 고수들과 일하고 싶었거든요. 벌써 1년 되었습니다. 여기는 고수가 확실히 많아요. 다시 오길 너무 잘한 거 같아요. 고수들과 성장하고 싶고요. 지난 1년간 정말 성장 많이 했습니다. 여기는 확실히 다릅니다."

다들 감동에 감동을 더했다. 이어서 73세 정영규 FP의 미니콘서트가 있었다. 짧고 굵은 화끈한 마무리였다. 그리고 3부 식사가 있었다. 식사 중에 서희원 지점장이 와서 동영상을 보여주며 한마디 한다.

"최운아 FP가 이렇게 연습했는데 장기 자랑이 취소되었다고 해서 울먹거렸어요."

아뿔싸, 한 명 신청해서 취소했는데, 산타 복장으로 연습한 영상을 보니 짠했다. 다시 궁리해보자고 했다. 잠시 후 영규 FP님이 오셔서 한마디 하신다.

"장기 도입 시상은 다 하면서 말이야, 자동차 시상은 왜 없어?"

말일에 못다 한 송년회를 진행하기로 했다. 우리 본부는 말일이면 조회 시간에 '영규오빠와 함께하는 노래 교실'을 운영한다. 정영규 FP님이 기타를 치면서 다 함께 노래 연습도 하고 노래 부르기도 한다. 신나는 음악엔

춤을 추기도 한다. 시상은 당연하다. 끝나면 점심은 다 함께 회식을 한다. 그리고 사무실에 들어와서 마감을 한다. 이번 노래 교실은 못다 한 송년회로 자동차 시상식과 장기 자랑으로 웃음바다가 되었다.

가끔은 소외된 가족을 스타로 만들길 권한다. 스타로 만드는 법은 의외로 간단하다. 발표하게 하면 된다. 쭈뼛쭈뼛 안 할 것 같지만 여러 번 권하면 마지못해한다. 발표 후엔 스타가 되고 진정한 가족이 된다.

4부

꼭 내가 해야 한다는
생각을 버리다

Let go of the idea that I have to do it

당신은 누군가에게 끌리는 사람인가?
사람들은 영리해서 다 비교한다. 내색하지 않을 뿐이다.
나를 만나고 졸도하지 않았다면 이미 게임에서 진 거다.
당신이 상대에게 졸도할 정도로 대접받았다고 상상을 해보라.
흐뭇하지 않은가?

실수는 용서하되 고의는 용서하지 마라

Forgive mistakes, but not intentions

초등학교 5학년 때 일이다. 등교하려는데 강 건너 산 중턱을 깎아 낸 도로에 지엠시 GMC(트럭)가 오는 게 보였다. 순간 망설였다. 지금 학교를 갈까? 구피(나무껍질)를 잠깐만 벗겨놓고 갈까? 구피를 얼른 벗겨놓고 가면 며칠 땔감은 될 것 같았다. 책 보따리를 팽개치고 부엌으로 가 칼이랑 고무대야를 들고 역전으로 향했다. 지엠시가 나무를 부려놓자, 굵은 춘양목이 쏟아졌다. 부리나케 통나무 사이를 오가며 굵은 구피들을 벗겼다. 그날따라 구피들이 실했다. 아침이라 사람들도 별로 없었다. 다른 날 같으면 이 집 저 집에서 나와 나눠 벗기면 양이 얼마 안 되는데 아무도 없으니, 양이 제법 많았다. 신나게 벗겨댔다. 수업시간은 까맣게 잊었다. 한참을 벗긴 후 뒤꼍에 수북이 구피를 쌓아놓고 학교를 가니 2교시가 지나버렸다. 당시 담임은 황동규 선생님이었는데 왜 늦었냐고 물었다.

"나오려고 하는데요, 자마리에서 지엠시차가 와서요, 구피를 조금만 벗길라 그랬는데요, 늦었어요."

훌쩍거리며 이유를 대자,

"잘했다. 솔직하게 말해줘서 고맙다. 다음부터는 수업 끝나고 하거라." 하셨다.

내 고향은 경상북도 봉화군이다. 우스갯소리로 강원남도라도 부를 정도로 오지 중 오지다. '하늘 세평 땅 세평 고요 세평'으로 유명한 승부역 아래 정거장인 분천이다. 승부역은 유일하게 자동차가 다니지 않는 곳으로도 유명하다. 그만큼 오지다. 문을 열면 천지사방 산밖에 안 보이는 곳, 산 아래엔 낙동강이 흐른다. 난 세상이 산과 강밖에 없는 줄 알았다. 고향을 떠나오기 전까진. 춘양목 집성지인 내 고향은 산판이 많았다. 지엠시는 미군용 트럭을 개조한 덤프트럭이다. 지엠시가 춘양목과 참나무를 산판에서 실어 분천역에 내려놓으면, 다시 아저씨들이 어깨에 나무를 메고 화물 기차에 차곡차곡 실었고, 가득 차면 어디론가로 다시 떠났다. 화물기차에 싣기 전 춘양목 껍질은 벗겨가도록 허가했는데 껍질이 두꺼워서 땔감으로 쓰기 좋았다. 단 참나무는 나무가 상하는지 못 벗기게 했다.

2023년 잊지 못할 최악의 성탄절을 보냈다. 3일 연휴 밀린 글도 쓰고 보고 싶은 책도 보려고 내심 기대했건만, 스트레스에 감기 몸살에 3일을 그냥 쓰러져서 끙끙 앓았다. 평소 말이 없던, 팀장이 그만두겠다는 말에 적잖이 충격을 받은 탓이다. 면담을 하니, 사주카페가 끝날 때마다 하나님께 켕겼는데, 수업까지 한다고 하니 도저히 다닐 수가 없다고 한다. 사주 수업은 저렴하게 수업해 주는 선생이 있어서 소개만 해준 것인데, 본인한테 하라고 한 것도 아니고, 얘기도 안 했는데, 그럼 사주 수업도 사주카페도 하지 않겠다고 했다. 조직보다 사주카페가 중요하겠는가? 그랬더니, 언제까지 지인 영업을 하겠냐고 DB 주는 데가 있다고 이제는 지인 영업을 그만하고 교차 영업을 하겠다고 한다. 사주카페가 싫어서 나가면서 교차를 왜 하냐고 물으니, 본인이 출근 안 하니 관계가 없단다. 교차는 내 줄 수 없다고 거절했다. 13회차 남아있는 수수료와 팀장 수수료를 얘기하며 설득을 계속했다. 그러면서 지점장이 아직은 신입사원이지만 동료인 팀장을 더 챙기는 상황이라 소외감 느꼈으리라 생각되어 한마디 더 했다.

"문희야, 지후가 아직은 신입이라 지수 지점장이 지후를 많이 챙기기 때문에 서운한 점도 있을 거로 생각해, 한데 아직은 업무가 익숙하지 않아서 그런 거라 맏언니처럼 문희 팀장이 이해해 줄거로 생각해서 그랬을 거야, 이해해줘서 고마워."

그랬더니 "3일만 시간 주세요. 생각하고 말씀드릴게요." 하고는 면담을 끝냈다.

그런데 면담 끝나자마자, 문희 팀장이 지후 팀장에게 전화를 걸어 면담한 얘기를 하고, 다시 지후 팀장이 지수 지점장한테 전화해서 화를 낸 모양이다. 왜 본부장님이 문희 팀장이랑 면담하면서 자기 얘길 하냐고? 화가 나서 퍼부어 댄 모양이다. 지수 지점장이 간신히 달랬다며 보고했다. 다시 지후 팀장에게 전화를 걸어 문희 팀장 잘 잡아 달라고 부탁을 했다. 그런데 지점장에게 문자가 온다.

'지수야 본부장님 전화 받았고 다른 이야기 안 했으니 언니 열 받은 건 여기서 끝내자. 더 이상 또 이 사람 저 사람 거론되면서 일 커지면 안 될 거 같아 너 믿고 넘어갈게'

이튿날 둘을 다시 불러 면담을 했다.

"내가 문희에게 한 말인데 왜 지후가 기분 나쁠까? 지후가 민감하게 반응할 만큼 기분 나쁜 말인지 문희가 얘기해줄래? 거기엔 대꾸를 못 하고 지수 지점장에게 화살을 돌린다. 지점장님 왜 얘기 안 해요? 다 아시잖아요?"

이후 얘기를 들어보니 지후 팀장의 불만을 문희 팀장이 쏟아냈다. 그런데 지후 팀장은 그만둘 생각이 없고 문희 팀장이 그만두겠다고 한다. 지후 팀장은 오해에 대해 해명을 다하니, 잘못 이해한 거에 대한 사과는 커녕 내리내리 변명이다. 몇 달 전 지후 팀장이 옆 지점과 문제가 있었을 때 지수 지점장은 베프라고 다른 조직을 밑으로 붙여줘서 리더로 만들겠다고 하길래 그렇게 했었다. 리더가 되면 정신차리고 일 좀 하나 했더니 아무나 붙들고 불만을 쏟아내질 않나, 조회시간에 사무실 밑에서 커피를 마시자고 사원들을 불러내질 않나, 혼자 설계도 못 해서 하고많은 날 지점장이 동반해 줬는데 뒤에서 이간질이나 하고, 자기가 도입한 사람도 무섭다고 어울리지 말라고 하질 않나, 본인은 생각 없이 주절주절 화를 품어댔겠지만, 품어댄 본인보다 동료가 행동을 취한 격이었다.

한 사람은 끝까지 그만두겠다고 하고 한 사람은 끝까지 변명한다. 한 사람은 원하는 대로 해촉을 하고 한 사람은 함께 할 수 없다고 해촉을 권했다.

위대한 유산

Great Legacy

초등학교 졸업반이던 무렵 황부자 집에서 나를 달라고 했다. 광산 하는 아들네 가서 식모살이하면 한 달에 3만 원씩 차곡차곡 모아 좋은데 시집 보내 주겠다고 했다며 엄마가 물었다. "야야 거기 갈래?" 그때 갔더라면 내 인생은 어떻게 되었을까? 가끔 생각해 본다. 어느 날 오빠가 전화했다. 아침마당을 보다가 생각나서 전화했다며, 잃어버린 형제를 찾는데 내 생각이 났다고 했다. 그러면서 한마디 한다.

"그때 줬더라면 아침마당 가서 찾고 있으려나? 찾을 수나 있으려나? 야야. 우리가 참 그렇게 살았데이."

어릴 때부터 야무져서 동네에서 탐을 많이 냈었나 보다. 먹고 살기 힘드니 밥숟갈이나 덜라며, 달라고들 한 모양인데 내가 모르는 남의집살이 권유가 있었고 그때마다 엄마는 고민을 했었나 보다. 내가 중학교에 입학하니 양조장 집 경조네 아버지가 나를 보고 적잖이 놀랐다.

"미순아 니가 우째 학교에 입학을 다 했노?"

그랬다. 동네 사람들 눈으로 보면 나는 중학교에 입학할 처지가 못 되었다. 교복도 얻어 입고, 도시락 투정도 못 하고, 학교 다녀오면 들로 산으로 나물 뜯거나 이삭 줍거나 나무하거나 솔잎을 긁거나, 집안일을 거들었다. 시키지 않아도 했다. 내가 안 하면 엄마가 해야 했다. 해 질 녘 철암을 다녀온 엄마와 땔감을 구하러 컴컴한 산속을 다시 헤맸다. 아니면 잣두들이나 비동으로 컴컴한 밤길을 걸어 곡식을 사러 가기도 했다. 어느 날은 엄마가 풍애에서 무를 밭떼기로 샀는데 그걸 철길을 걸어 머리에 이고 날랐다. 나도 덩달아 엄마랑 날랐는데 엄마의 무 보따리가 내 것보다 5배는 컸다. 작은 무를 이고 오는데도 머리가 배겨서 고개를 제대로 가눌 수가 없었다. 엄마는 어땠을까? 몇 달 후 엄마의 머리에 혹이 생기기 시작하더니 오래도록 가시지 않았다. 분천역에 도착하면 엄마는 그 길로 철암으로 가서 다시 장성으로, 황지로 다니면서 팔았을 것이다. 그 고단함은 분천역에서 철암으로 가는 협곡 열차를 타고 철암으로 가서 황지랑 장성을 돌아보고 알게 되었다. 당시 철암 황지 장성은 탄광촌이라 분천에서 곡식을 가져가면 웬만큼 다 팔고 왔다. 오는 길 묵호나 동해에서 온 생선을 다시 떼서 산골 여기저기 다니며 팔았다. 수레라도 있었다면 덜 고달팠을 걸 철길을 내리내리 몸으로만 날랐으니 엄마의 수고를 말로 어찌 다하리?

엄마의 장례를 치르고 집으로 오니 오빠가 옛 얘기를 한다.

"아버지 돌아가시고 잣두들 홍 씨 아저씨한테 아아들 데리고 먹고 살아야 되는데 '우짜니껴?' 2천 원만 빌려주면 꼭 장사해서 갚음시데, 하니 하늘 한번 쳐다보고 한숨 쉬고 땅 한번 쳐다보고 한숨 쉬고 내리 세 번을 쉬더니 '알았니데' 하더니 빌려줬단다. 그 돈으로 장사를 시작했데이. 엄니가"

　그리고 나는 조문 온 이에게 편지를 썼다.

　<위대한 유산>

　서른일곱에 남편을 잃고 오십여 년을 홀로 자식을 키워 오신 어머니를 하늘나라로 보내 드렸습니다.
　두 아들도 하늘나라로 먼저 보낸 어머니는,
　애간장도 다 녹아 없어졌을 어머니는,
　유산이라곤 소금 한 되와 짐 덩어리 자식들이 전부였던 어머니는,
　홍 씨네서 빌린 2천 원으로 행상을 시작하여 우리들을 키우셨습니다.
　어머니를 괴롭혔던 파킨슨과 치매는 몸뚱이 하나로 버텨오신 후유증일 테지요.
　콩 자루 팥 자루 무 덩이 등등을 머리에 이고 어머니와 함께 걷던 어제들이 생생합니다.
　아찔한 태백산맥 중턱으로 난 철길에서 머리에 짐을 인체로 기차를 만날 때면 낙동강 절벽 아래로 떨어질까, 후들거렸던 어제들이 생생합니다.

짐을 내려놓고 잠시 쉬었다 다시 머리에 일라치면 기력이 빠져 몇 번이고 자빠지면서, 사력을 다해 일어나 진땀을 흘리며 어머니와 함께 다시 걸었습니다.

저는 작은 짐 덩이만 이고도 힘들었는데, 자식을 업고 물건을 이고 산길과 철길을 걸으실 땐 얼마나 고되셨을까요?

어머니는 음식을 하면 모양이 반듯하고 젤 예쁜 음식을 이웃집에 드리고 오라고 심부름을 시켰습니다.

어머니는 경우 바르게 살아라, 남에게 상처 주지 말아라. 자랑하지 말아라. 늘 말씀하셨습니다.

어머니는 그렇게 위대한 유산을 주고 가셨습니다.

많은 짐 다 내려놓고, 큰 유산을 주신 어머니를 보내 드렸습니다.

먹먹합니다.

코로나 19로 전 사회가 어려운 와중에도 따뜻한 위로와 격려를 보내 주심에 깊은 감사를 드립니다.

덕분에 어머니를 잘 모셨습니다.

어머니의 유산을 잘 받들어 성실히 살아내겠습니다.

많은 힘과 위로 잊지 않겠습니다.

감사합니다.

2020년 9월 26일 남미순 배상

밥을 사면 커피도 사라

If you buy food, buy coffee too

　사람들이랑 친해지려면 세 가지를 하라고 한다. 밥 먹기, 잠자기, 목욕하기다. 잠을 자거나 목욕하기는 어렵지만, 밥을 먹기는 쉽다. 그래서 으레 밥 약속을 한다. 그날도 오래된 언니들과 밥 약속을 했다. 밥을 사니 커피를 사겠다고 한다. 커피값도 계산을 하니, 부득불 커피값은 본인이 내겠다고 한다.

　"언니, 우리 모 본부장님이 그러는데 밥 사고 커피 얻어먹지 말래, 밥 사주고 커피 얻어먹으면 사준 게 아니래, 서로 얻어먹은 거지."

　"그래 그 본부장님 훌륭하시다, 잘 배웠다. 알았어. 오늘은 니가 밥도 사고 커피도 사, 다음에 내가 밥도 사고 커피도 살게"

　어느 날 윤현숙 본부장이 사원들이랑 면담을 하니, 지점장이 밥도 안 산다고 불평하더란다. 그래서 지점장을 불러서 밥 좀 사주지, 그랬냐고 물으니, "왜요? 밥 사줬죠." 다시 사원에게 "밥 사줬다는 데 왜 안 사줬다 그래 언니?" 되물으니 "커피는 내가 샀어." 하더란다. 그래서인지 윤현숙 본부장은 밥과 커피를 꼭 같이 산다. 나도 사원들이랑 밥 먹을 때 커피 사려고 들면 종종 써먹는다. "혹은 월급 타면 사."라거나 "나보다 많이 벌면 사." 라며 우스개로 끝낸다.

어느 날 남자 한 분이 면접을 왔다. 상담하다 보니 시간이 꽤 흘렀다. 밥 때가 되어 식사를 권하니 거절을 안 한다. 대여섯 시간을 면담하고 보냈는데 이튿날 여자분이랑 같이 왔다. 다시 면담하고 밥을 먹었다. 그리고 또 시간이 한참 흘렀다. 자연스레 주차를 다 입력하고 보내는데 여자가 한마디 한다.

"여기 주차 2시간만 되는 게 아닌가요?"

"맞아요. 추가 요금 다 결제했어요. 왜요?"

"실은 며칠 전에 이 건물에 상담 왔었는데요, 주차요금 2천 원 내고 갔 거든요. 상민 오빠가 엊그제 차 지하에 세웠다고 해서 5시간 넘은 거 같 아서 요금 많이 나온다고 빨리 나오라고 했죠. 그리고 혹시 요금 안 냈냐 고 물었죠. 안 냈대요. 무슨 소리야? 나 엊그제 거기 갔다가 2시간뿐이 안 된다고 해서 돈 내고 왔는데? '그랬더니 몰라, 여기 본부장이 어떻게 했나 봐, 하여간 나는 안 냈어.' 하더라구요. 그래서 같은 회사여도 다르구나, 잘되는 이유가 있네. 내가 그래서 오빠더러 면접 보고 오라고 한 거야. 오 빠 여기 다니자?"

그리고 바로 지원서를 작성했다. 그러면서 한마디 더 한다.

"주차 요금 그거 별거 아닌데, 그거 작은 거 하나에 기분 상하고 비교되더라니까. 내가 나오면서 '주차요금 2천 원 내라는데요?' 물으니까 2시간만 된다고 내야 된다잖아."

두 분 모두 시험에 합격해서 잘 다니고 있다.

오랜만에 만난 언니더러 사무실에 주차하라고 했는데 만차여서 노상주차장에 댔나 보다. 1급지여서 주차요금이 소형차인데 50프로 할인해도 11,000원이 나왔다. 얼른 계산했다.

"주차요금까지 내주는 거야? 밥에다 커피도 감사한데, 감동이다."

"언니 조심해서 가."

"아는 애가 보험 시작했는데 힘든가 봐, 소개해 줘도 되니?"

창문 틈으로 고개 내밀고 묻는다.

"당근이지. 얼른 해 줘. 잘 키워 줄게."

하나 달라고 하면 기대치 보다 더 퍼주고, 날 만나러 오면 밥 사주고 커피 사주고 주차요금도 내 준다. 그러면 고객은 감동한다. 주차요금이 충전이 안 될 때는 만 원짜리 한 장 손에 쥐여준다. 싫다고 손사래쳐도 주머니나 가방에 우겨넣거나, 따라 나가서 결제해 주고 온다. 가끔 사무실로 방문을 요청할 땐 택시비 준다고 꼬시거나, 아예 모시러 가거나 모셔다 주기도 한다. 요즘 고객은 감동을 넘어 졸도를 시켜야 소개를 해주는 시대라고 한다. 기꺼이 수고를 마다하지 않고 내 것도 기꺼이 내어줄 때 고객은 감동한다. 나는 가끔 성경 말씀을 인용한다.

'수고하고 짐 진 자들아, 다 내게로 오라 내가 너희를 쉬게 하리라.'

말씀 그대로 해석하면 수고하고, 짐도 지고 그리고 오라는 것이다. 오직 수고하고 짐을 진 자만이 쉴 자격이 있는 것이다. 참 아쉬울 때가 많다. 수고도 안 하고 짐도 안 지고 날름날름 열매만 취하려는 사람이 많은 까닭이다.

당신은 누군가에게 끌리는 사람인가?

사람들은 영리해서 다 비교한다. 내색하지 않을 뿐이다. 나를 만나고 감동하지 않았다면 이미 게임에서 진 거다. 당신이 상대에게 감동할 정도로 대접받았다고 상상해보라. 흐뭇하지 않은가? 만나고 가는 길 가슴 벅차지 않겠는가? 상대가 감동할 정도로 대접하라. 그럼, 승산은 이미 당신에게 있다.

맨몸으로 세상에 덤비니?

Are you going into the world naked?

태구 언니는 영원한 나의 멘토다. 겨울 주말이면 빨래를 들고 우이동으로 오라고 했다. 손으로 빨래하면 손도 시리고 힘도 들지만, 얼어붙어 며칠이 지나도 잘 안 마르는 게 더 문제였다. 언니네 가면 모든 문제를 해결할 수 있었다. 세탁기가 빨래해줘, 밥은 언니가 해줘, 발코니에 앉아 북한산을 바라보며 맑고 박식한 언니와 대화를 나누면 됐다. 맛있는 밥 먹고 차 마시고 뒹굴다 오면 끝이었다. 언니를 만나면 황량한 나의 20대가 언니처럼 맑고 행복해졌다.

유난히 추운 겨울 주말 밤이었다. 신설동에서 청년학습회가 끝나자, 언니가 자기네 집으로 가자고 꼬셨다. 신세 지는 게 싫어 거절하니, 계속 말한다.

"왜 칫솔 때문에 그래? 속옷 때문에 그래? 새것 있으니까 그거 쓰면 되잖아? 우리 집에 있어 가자?"

그렇게 언니네로 갔다. 두꺼운 이불을 꺼내주며 편히 자라고 했다. 잠들기 전 이런저런 얘기를 나누다 본인의 가족사를 꺼냈다. 백일 때 부모님이 헤어진 얘기, 아버지가 재혼한 얘기, 아들에 집착한 할머니 얘기, 새엄마가 아들을 못 낳아 아들 입양한 얘기, 첫아들은 뇌성마비라 병원비 무지 까먹고 죽은 얘기, 지금 남동생도 입양했다는 얘기, 그 뒤로 엄마가 딸을 낳았다는 얘기, 세 남매가 엄마가 다 달랐다. 아버지가 다른 동생을 둔 나와 별반 다르지 않았는데 나와는 생각이 너무 달랐다. 감추기에 급급했던 나와 달리 담담한 언니의 말과 태도가 내게는 충격이었다. 그리고 깨달았다.

'내가 어쩌지 못한 나의 과거는 내 잘못이 아니라는 것, 부끄러워할 필요도 없다는 것'

그날 이후 나는 '나의 가족사'에서 자유로워졌다.

공교롭게도 시집을 오니 부곡역 앞에 태수 언니 친정이 있었다. 순댓국집을 했는데, 맛집이라 늘 손님으로 붐볐다. 언니가 친정에 올 때마다 연락해서 가면 늘 끓는 순댓국을 줬다. 개척 영업을 할 때 엄마네 가게를 늘 지나쳐서 가면, 복개천 위에서 깍두기에 쓸 무도 씻어주고, 마늘도 다듬어주고 설거지도 도와주고 홀도 치워줬다. 때론 몸살도 나 끙끙 앓기도 했지만, 엄마랑도 가까워졌다. 손님들이 오면 우리 딸이라고 소개도 했다. 주방 아줌마도 도와줘서 고마운지 임의로운 손님이 오면 보험 들라고 쿡쿡 찔렀다.

그날도 순댓국집을 지나는데 주방 뒤로 난 복개천에 씻다가 만 무들이 한가득 쌓여 있었다. 오지랖에 그냥 갈 수도 없고. 가방을 한쪽으로 밀쳐두고 퍼질러 앉아 무를 씻었다. 바깥에 앉아 찬바람을 맞으며 노가다 아닌 노가다를 하고 있었다. 손도 시리고 무를 헹군 큰 고무 대야를 비우니 벗겨낸 무 껍질들이 내 삶처럼 복개천 위로 널브러졌다. 물은 신발을 덮쳐 양말까지 젖어 들었다. 발도 시렸다. 그렇게 도와주고 있는데 언니가 왔다.

"미순아 니가 이걸 왜 하는 거야? 얼른 들어와." 말속에 애잔함이 가득 들어 있었다. 눈시울이 붉어졌지만 얼른 감췄다.

"내가 도와주면 엄마나 아줌마가 좀 편하시잖아. 손 노느니 뭐해. 그리고 일을 하는 게 더 편해, 멀거니 있는 거 보다"

그러면서 이건 일도 아니라고 산본 완산정 콩나물 해장국 집 오픈할 때 도와준 얘기를 잠깐 했다.

"언니 그 집은 돌솥이라 엄청 무거워. 한 일주일 도와줬는데 이건 일도 아니야! 며칠 서빙 도와주고 끙끙 앓았어. 일하다 말고 집에는 갈 수도 없고 사무실에 돗자리 깔아 놓고 끙끙 앓았어. 도와 달라는데 거절할 수가 있어야지."

"미순아 너는 왜 세상을 맨몸으로 덤비니?" 언니가 눈시울 붉히며 한마디 했다.

뜨거운 것이 밀려 올라왔다.

"맞아! 언니 맨몸으로 덤볐는데 하도 얻어맞아서 온몸이 다 단단하게 굳었어. 다 굳은살이야. 이제는 하나도 안 아파."

언니랑 마주 앉아 뜨끈한 순댓국을 뜨며 울고 웃었다.

그랬다. 가진 게 없으니, 뭐로 덤비겠는가? 몸으로 덤벼야지. 아니다 세상에 덤빌 유일한 무기 내 몸뚱이가 있었다. 얼마나 다행인가? 정신건강하고 몸 건강한 몸뚱이 하나 있어 세상에 당당하게 덤빌 수 있었으니, 여리디 여린 몸뚱이가 이젠 철갑 같은 몸뚱이가 되었으니. 돌아가 살라면 다시 살아낼 엄두가 날까 싶지만, 하루하루 꾹꾹 눌러살아 낸 어제가 가끔은 훈장처럼 자랑스럽다.

부곡 도깨비시장 오거리에서 성당으로 올라가는 길은 누가 그렇게 헤집고 파헤쳤는지 도로는 온통 울퉁불퉁 구질구질했다. 운전해서 지나갈 때마다 생각했다. '어쩜 이리도 내 팔자 같을까?' 다닐 때마다 그 길이 내 삶처럼 너무 아팠다. 하지만 이젠 안다. 다 내가 살아냈던 나의 어제들이라는 것을, 나의 레드 카펫이었다는 것을 그 카펫을 밟고 나는 또 다른 훈장을 달러 간다는 것을.

공부는 아니고 책에 파묻혀 살다

Live in a book, not in study

새 학기가 되면 초등학교 후문 앞엔 상인들이 번개시장을 열었다. 촌아이들이 이제껏 보지 못한 신기한 물건들로 유혹했는데, 가끔은 허접한 백과사전도 끼어 있었다. 그날은 백과사전을 사면 한국전래동화집을 준다며 꼬셨다. 나는 백과사전보다 전래동화집이 보고 싶어 엄마를 졸랐다. 까막눈인 엄마는 딸이 필요하다고 조르니 몇 번이고 망설이다 울며 겨자 먹기로 주머니를 털었다. 전래동화는 너무 재미있었다. 생각해 보니 생애 첫 독서가 아닐까 싶다. 다른 책은 없었으니, 책장이 너덜너덜해질 때까지 죽어라 읽어대니 어느 순간 통째로 달달 외우고 있었다. 엄마가 장사 나가고 늦은 날은 동네 꼬맹이들 모아놓고 전래동화를 주절댔다. 할머니처럼 줄줄 주절대면 아이들은 이불을 끌어당겨 가며 귀를 쫑긋 세우고 심각한 얼굴로 들어줬다. 헛웃음 나오는 시절이다.

중학교에 입학하니 산간벽지 도서관 지원사업을 하는지 도서관이 공사를 시작했다. 공사가 끝나자, 새 책들이 들어오기 시작했다. 정말로 도서관은 새 책들이 즐비했다. 읽어도 읽어도 새로운 책이 넘쳐났다. 수업이 끝나면 버스 시간이 될 때까지 도서관에 앉아 책을 읽었다. 너무도 즐겁고 행복한 시간이었다. 샬럿 브론테의 제인 에어, 브론테의 폭풍의 언덕, 빅토르 위고의 래미제라블, 펄벅의 대지, 토머스 하디의 테스, 헤밍웨이의 노인과 바다, 셰익스피어 전집들, 마가렛 미첼의 바람과 함께 사라지다, 세르반테스의 돈키호테, 단테의 신곡, 생테쥐뻬리의 어린 왕자, 톨스토이 부활, 알베르 카뮈의 이방인, 보리스 파테르나크의 닥터 지바고, 사뮈엘 베케트의 고도를 기다리며 등등 당시 읽었던 세계 명작소설들과 책을 읽던 순간들은 지금도 내게 흐뭇한 위안을 준다. 가끔 이해가 안 되는 대목도 있었지만, 책을 보다가 너무도 좋은 구절이 나오면 감동에 차마 책장을 넘길 수 없어서 잠시 덮고 창밖을 통해 올려다본 하늘, 화단의 꽃들과 키 작은 나무들, 조잘조잘한 학생들의 수다, 꽉 막힌 신등 성이들, 내겐 가장 행복했던 학창시절이었다.

　보통은 여고 시절이 행복하다 하겠지만 내 여고 시절은 노동에 지배당한 시간이어서 행복보단 숨 막히는 짠 내가 올라온다. 하지만 중학 시절은 노동 없이 학교만 다닌 시절이라 그렇다고 학교를 다녀오면 마냥 놀 수도 없었지만, 하루 8시간을 3교대로, 하루도 쉬지 못하고 보낸 여고 시절과는 비교할 수가 없다. 방직공장은 일 년에 딱 6일만 가동을 멈췄다. 설날과 추석이다. 그 외는 여공들이 3교대 근무를 하는데 교대가 바뀌는 날, 짬이 났다. 3주 만에 한 번씩이었다. 그것도 휴일은 아니었다. 오늘 아침 6시에 출근해 오후 2시에 퇴근하면, 오전반에서 야간반으로 조가 바뀌는 내일 밤 10시까지 시간이 났다. 그 시간이 외부로 열린 숨통이고 외박이 허용된 날이다. 엄마가 보고 싶으면 2시에 끝나고 후다닥 씻고 구미역으로 가 기차를 타고 영주로 가서 다시 기차를 갈아타고 분천을 가면 컴컴한 저녁에 도착했다. 잠만 자고 일어나 엄마가 끓여주는 된장찌개랑 생선조림을 먹고 오전 10시 기차를 타고 다시 구미로 와야 했다. 수업은 오전반과 오후반을 나눠 하루에 4시간씩 수업을 했다. 그게 무슨 학교인가? 싶지만 실업계고등학교는 그랬다. 3학년이 되어서는 진학반에 들어가 추가로 수업을 더 했으니 출퇴근 준비시간 근무시간 합해 10시간, 학교수업 4시간, 진학반 수업 2시간을 합하면 16시간을 숨 막혀 살았다. 잠 한번 실컷 잘 수도 없었다. 12명에서 14명이 일렬로 누워 쪽잠을 자던 기숙사는 본인 자리가 있어 아무 때고 아무 자리에서도 잘 수도 없었다. 본인 사물함 앞에서 자야 했는데 그마저도 저학년은 사물함이 2층에 있어 1층 사물함을 선배가 사용하면 한편으로 밀려나 쪽잠을 자야 했다. 그럴 때면 가끔은 세숫대야랑 세탁한 작업복에서 떨어진 물들에 벼락을 맞기도 했다. 집에 와도 한 이불을 가지고 식구들과 붙어 자는 건 진배없지만 그래도 피붙이들과 붙어 자는 것과 어디 비교가 되리? 그 시절을 3년 내내 보냈으니 무슨 여고 시절이 아름다울까? 지옥과 다름없었다. 졸업과 동시에 퇴사하고 나올 땐 출옥하는 기분이었다.

　고등학교에 막 입학하고 출근한 어느 날이었다. 그날은 야간이었다. 갑자기 반장이 보전반으로 나를 불렀다. 보전반은 방직공장의 기계 수리에 필요한 갖가지 공구들이 있는 방이다. 그 방에서 가끔 반장은 조회 시간마다 어린 여공들을 상대로 조심하라고 협박 아닌 협박도 했다. 각 공정마다 보전반은 하나씩 다 있었다.

"미순아! 하나만 물어보자? 방에 들어가면 언니들이 무슨 얘기들 하니? 혹시 나에 대해서 이러쿵저러쿵 흉보지 않았어?" 하고 물어본다.

순간 적잖이 당황했다. 열일곱 살인 내가 어른에게 뭐라고 대꾸해야 할지? 그리고 퇴근하면 한방에 열두 명씩 기숙했는데 날마다 보는 언니들 얼굴도 떠올랐다.

"반장님! 반장님은 책임자 맞지요? 책임이 큰사람은 어디서든 무슨 얘기를 들을 수밖에 없습니다. 책임자니까요? 그런데요. 무슨 말을 하든 신경 쓸 거 있나요? 정말 해야 할 말이 있으면 직접 와서 말씀드리지 않을까요?"

반장도 적잖이 당황한 듯했다. 그러더니 바로

"쪼끄만 게 제법이네. 니 말이 맞다. 대견하네. 알았다. 책임자니까, 더 안 물을게."

하고는 말을 끝냈다. 그리고 얼마 후 급여 책정 때 다른 사람보다 더 많은 일당 20원을 올려줬다고 귀띔해줬다.

사실 언니들은 기숙사로 모이면 반장 흉을 많이 봤다. 그리고 반장이 해야 할 일이 이것저것인데 낮에는 하는 척하고 밤에는 안 한다고, 야간 때는 어디 가서 잠을 자고 오는지 얼굴을 볼 수가 없다고, 사실 원면 따는 것은 반장이 하는 일이라고 했는데 낮에는 해 주는 척하고 사실 밤에는 전혀 안 했다. 원면은 대개 200~250킬로 정도로, 철사로 꽁꽁 압축되어 있었다. 수레에 실어 나른 후 철제 공구로 자르면 원면은 자유롭게 부풀어 오르고 철사는 제멋대로 튀어 오르며 팔이고 얼굴이고 할 거 없이 상처를 냈다. 탁탁 튀어 오르고 원면이 부풀 땐 나름대로 쾌감도 있었지만, 그 일을 반장이 잘 해주지 않은 바람에 원면 따느라 여기저기 철사에 찔린 흉이 아직도 손 곳곳에 남아있다. 가끔 본사에서 임원이 온다고 하면 엉거주춤 해 준다고 흉내 내던 반장이 생각난다. 내가 하고 말지, 정말 어색했다. 나는 키가 커서 방직공장 첫 공정인 혼타면에서 일했는데 혼타면은 말 그대로 면을 치고 섞어서 이불처럼 만들어 내는 공정이다. 그걸 랩에다 감아서 21킬로에서 28킬로 사이로 감아서 다음 공정으로 넘긴다. 가끔 안경 낀 말라깽이 반장은 야간일 때 넓은 공장 한편에서 춤을 추곤 했었는데 바람처럼 휘 몸을 돌리던 미소와 회색빛 작업복 위에서 빛나던 곱슬머리가 생각난다. 방직공장은 반들반들한 고무 타일이 깔려있어 나도 춤을 배웠다면 추고 싶었으리라.

나는 공부보다 독서가 좋았다. 그때 책을 보지 않았더라면 반장이 물었을 때 그렇게 응대할 수 있었을까? 이후로도 책에 파묻혀 살았는데 그것이 나의 가장 큰 자산이 되었다 자부한다. 그것은 내가 보험왕이 된 비결이기도 했다.

엄마에게 돈을 뜯기다

Robbed of money by my mother

지옥 같은 여고 시절을 벗어났지만, 소득은 있었다. 졸업식이 끝난 후 퇴직금까지 정산하니 550만 원 정도 목돈이 모아졌다. 당시가 1987년이었으니 지금 생각해 보면 웬만한 소형 아파트 값은 되는 돈이다. 내가 목돈을 모은 목적은 대학 진학이었지만, 엄마의 목적은 달랐다. 조금만 지혜가 있었더라면 대학 선택도 달라지고 내 인생도 달라졌을까?

학교를 졸업한 선배가 대학 졸업반이 되어 교생실습을 왔었는데 우리들에겐 희망이었다. 나도 그렇게 대학을 가고 싶었다. 좀 더 알았더라면 지원할 때 충분히 고려했을 텐데 성적이 된다는 말에 건방지게 주간을 넣었더니 '뚝' 보기 좋게 떨어졌다. 야간을 지원하면 산업체 부설 전형이 추가되어 충분히 합격할 것을, 그랬다가 다시 주간으로 돌려도 되는 것을, 일하는 게 지겨워 당분간 쉬고 싶다는 간절함이 오판이었다. 놀 생각을 하면 안 되는 거였다. 그걸 대 놓고 좋아한 한 사람이 있었다. 엄마였다.

며칠 전, 올케가 전화했다.

"아가씨 시 매부 생일이 양력이야 음력이야?"

"양력요."

"맞나? 내가 그래서 안 이자뿐다. 그날이 우리 결혼기념일이다."한다

그러고 보니 2월에 졸업하고, 5월 말경까지 한 석 달을 놀았나 보다. 오빠 결혼식이 끝나고 며칠 후 서울로 왔으니 말이다. 실은 논 것도 아니다. 엄마는 나를 제대로 부려먹었다. 아들 장가 보내야 하는데 걱정이 이만저만이 아닌 모양이다. 당시 오빠는 돈가스 장사한다고 홀라당 말아 먹고 수중에 돈이라곤 한 푼도 없을 때였다. 그러니 엄마는 내 돈이 탐났을 것이다. 나를 살살 꼬드겼다. '오빠 장가가는데 보태주면 안 되겠냐고?' 여고 시절 내내 돈 잘 챙기라는 당부를 귀가 닳도록 들었는데 나도 챙기고 싶었지만, 거절할 수가 없었다. 엄마는 알뜰하게 내 시간과 돈을 뜯어 갈 계획을 세우고 있었다. 아니 오빠도 공범이다. 돈도 없이 장가살 계획을 세웠으니.

그 시절 여공들은 그랬다. 돈을 벌면 오빠들 학자금으로 뜯기고, 아버지 소 사주고, 시골 땅 사주고, 다들 여공으로 보내 놓고 힘들게 벌어오면 그렇게들 뜯어 갔다. 오빠 전세자금으로 280만 원 결혼식 비용으로 150만 원 나머지도 엄마에게 몽땅 줘 버렸다.

다시 빈털터리가 되었으니 숙식 해결되는 직장을 찾아야 했다. 그런 곳은 공장밖에 없었다. 쌍문동에서 사촌이 다니는 추리닝 공장에서 시

다를 시작했다. 어느 날 추리닝 공장은 먼지가 많다고 투덜대니 브래지어공장에 다니는 언니가 자기네 회사에 가자고 꼬셨다. 가보니, 같은 봉제공장인데 느낌이 달랐다. 분홍색 조각난 천들이 장난감 같았다. 가자마자 반장 언니가 호크아이 다는 것을 가르쳤다. 브래지어공장의 마지막 공정은 호크아이를 다는 것이다. 당시 호크와 아이는 두루마리처럼 길게 감겨 나왔다. 뭉치를 꺼내 하나씩 가위로 잘라 브래지어 양끝으로 이어 박았다. 호크아이는 쇠로 된 고리가 맞물려 있어 미싱으로 박다 조금만 치우쳐 잘라져 있어도 바늘에 부딪혔다. 그때마다 우지직 소리를 내며 바늘이 부러졌다. 가끔 부러진 바늘이 검지에 박히곤 했는데 브래지어를 박는 건지? 손을 박는 건지? 분간이 안 갈 정도로 열심히 손도 박아먹었다.

　손에 익은 미싱은 손과 머리가 따로 놀게 했다. 미싱을 하며 혼자 하는 즐거운 상상들은 시상을 떠올리게 했고 시상을 찾아 점심이면 후딱 밥 먹고 수유리와 석관동을 음미했다. 주말이면 종로서적과 교보 서점을, 경복궁을 여러 여행지를 찾아 탐독하고 탐미했다. 다녀와서 생각하는 시간은 더없이 즐거웠다.

　그날은 속리산을 가려고 길을 나섰다. 버스터미널을 가려고 지하철을 탔는데 머리칼이 희끗희끗한 중년의 남자가 옆에 앉았다. 손에 들린 검은 카메라가 닳고 닳아 은색으로 반짝였는데 그 모습이 멋져 보였다.

　"카메라를 보니 존경심이 우러나네요. 사진 많이 찍으러 다니시나 봐요? 오늘은 어디를 가시나요?"

물으니, 감악산을 간다며 나더러 어디 가냐고 되물었다. 속리산을 간다고 하니 지금 시간은 너무 늦어서 안 된다며 회사에서 단체로 산을 간다며 같이 가자고 권한다. 철판 깔고 따라나섰다. 여의도 쌍둥이 빌딩 앞에 도착해서 버스를 타고 회사 직원들과 감악산을 향했다. 그분은 당시 호남정유 홍보실에 근무했는데 사내 일보를 만든다며 이후 한 달에 한 번 일보를 보내주었다. 이후 민족 문화모임인 '한배달'에서 강화도 마니산에서 천제를 지내는 행사가 있다며 같이 가자고 했다. 행사 뒤풀이길 인사동 어느 주막집에서 우연히 한 사람을 만나게 된다.

그는 길 출판사 최기영 대표이다. 우연히 만나 시집까지 내게 되었다. 그것이 내 첫 시집 '브라자는 몸뚱일 멕여 살리고 방랑은 마음을 멕여 살리고'이다. 당시 술집에서 오간 몇 마디에서 내 일기장 보자고 했다. 며칠 후 대학노트 예닐곱 권을 보자기에 들고 출판사를 찾아갔다. 먼저 노트를 보고 놀라더니 거기서 시를 골라 출간하자고 제안했다. 그래서 첫 시집이 출간되었다. 그런데 출판 후 표지가 맘에 안 들었는지 다시 표지를 바꿔서 출간하자고 제안했다. 나는 거절했다. 출간한 지 얼마 되지도 않았는데 표지만 바꿔서 다시 출간한다는 것은 독자를 기만한다는 생각이 들었기 때문이다.

참 죄송한 마음이 크다. 손해를 많이 봤을 텐데, 가끔 안부가 궁금했지만 내 삶도 이후 우여곡절이 많아 단절한 어제들이 많다. 그러다 지금까지 흘러왔다. 이 지면을 빌어 죄송하다고 말을 하고 싶다. 그리고 만나게 되면 신세를 갚고 싶다. 유일하게 경제적으로 나를 통해 성공을 못 한 분이

란 생각에 늘 저 밑바닥에서 가끔 괴로웠다. 잘 지내는지? 신세 졌다는 생
각에 갚아야겠다는 생각이 가시질 않는다.

처녀 귀신 될까 장애인 딸을 시집보낸 엄마

The mother married off her disabled daughter
because she was afraid she would become a a maiden ghost

어느 날 황 부자네 둘째 부인이 중매한 모양이다. 안동 녹전 부잣집에서 일하는 남자가 있는데 딸내미 시집 보내자고, 약간 모자라기는 해도 일은 잘하니, 딸내미 건사는 할 거라고 중매했다.

엄마는 또 걱정이 늘어졌다. 처녀 귀신 만들면 안 되니 시집은 보내야 하고 딸내미 사정은 뻔하고 보내기로 마음먹고 엄마는 또 내게 손을 내밀었다. 이래저래 못해도 200만 원은 족히 들 것 같았다. 서울에 온 지 불과 3년이 지났을 무렵이었다. 월급 15~6만 원 받으면 부식비 월 1만 원씩 내고 그 돈도 아껴서 다음 달엔 5천 원씩 내곤 했는데, 2년 치 목돈이 홀라당 다시 날아가게 생긴 거다. 배는 아팠지만 어쩌리? 패물 할 돈이랑 결혼식 비용이랑 보내주고 시집갈 때 입힐 정장이랑 구두랑 속옷 갖가지 신부 물품은 동대문시장을 다니면서 직접 샀다. 그때 태구 언니가 함께 다녀주면서 안타까워해 준 기억이 난다.

결혼식 날은 늦은 봄이었다. 안동 녹전 마을회관에서 결혼식이 있었다. 정신지체 1급인 언니는 어디가 어딘지, 뭐가 뭔지, 분간도 제대로 못 했다. 억지로 결혼식은 끝냈는데 잘 살지? 형부라고 부르고 싶지도 않은 남자는 농사일을 많이 해서인지 떡대가 좋았다.

결혼식 끝내고 돌아오는 길 봉화 다덕 약수터 옆 식당에서 동네 아줌마들을 접대하면서 엄마가 울어댔다. 장애인 딸 시집보내고 많이 켕겼나 보다. 우는 엄마를 동네 아줌마들이 달랬다. 내가 한마디 거들었다.

"실컷 울게, 울고 싶을 때 울어야지! 울지도 못하면 무슨 낙으로 사는 게나?"

추석 때 시골을 가니 명절이라고 언니가 집에 왔다. 떡대 좋은 신랑은 내가 처제라고 좋은지 히죽히죽 웃어댔다. 그리고 이듬해 설날 언니는 그 신랑과 다시 왔는데 이빨이 다 부러져 있었다. 언니를 팬 모양이다. 엄마는 사위만 보내고 딸은 보내지 않았다. 가면 맞을 게 뻔하니 보내지 않을 요량이었다. 그리고 처녀 귀신은 더 이상 아니니 엄마의 목적은 달성된 셈이었다. 엄마가 맨날 하던 소리

"처녀 귀신 되면 우짜노? 갔다가 와도 보내기는 해야 하는데, 처녀 귀신 안 될라믄."

유교 사상에 제대로 가스라이팅 당한 엄마였다.

몇 년 후 그 남자가 경운기 몰다가 사고로 죽었다는 얘기가 있었는데, 그럼 보험 관계라도 알아봐야겠다고 했더니 엄마는 일언지하에 "됐다" 했

었다.

엄마는 나를 제대로 '울궈' 먹었다. 가끔은 나도 억울했다.

다른 꼭지에서 애기하겠지만 남동생이 사망하자, 국가를 상대로 소송을 진행했는데 승소하면서 엄마는 연금을 수령하게 되었다. 살아계신 한 연금을 받게 되니 경제적으로 해방이 되자, 나는 엄마에게 깐족댔다.

"엄마는 딸내미 하나 낳아가지고 본전 제대로 뽑아 먹었어. 오빠 장가 보내, 순애 시집 보내, 둥글이 학교 보내, 둥글이 병 수발에, 맨날 잣두들로, 철암으로 업고 다닐 때 궁둥이 밑으로 빠져서 힘들었다. 그랬지. 왜 그랬겠어? 복덩어리라 그런 거지? 아십니까? 이젠 더 이상 나한테 기대하지 마슈? 연금 나오는 거 모으지 말고 다 쓰세요. 아셨습니까?"

내 동생도 뒷수발하다

I take care of my brother, too

둥글이가 대학에 합격했다고 전화했다. 기계공학과냐? 전자공학과냐? 물을 때부터 예견된 일이었다. 당연히 합격은 예상했다. 그런데 그다음이 나를 답답하게 했다.

"누나 등록금 어떻게 해? 기숙사비랑 이것저것 해서 200만 원은 있어야 된다는데?"

순간 턱 숨이 막혔지만, 내색은 할 수가 없고, 수화기 사이로 동전만 뚝 뚝 떨어졌다. 네 놈이 누구에게 부탁하리? 생각을 이리저리 굴리는데 동생이 먼저 침묵을 깼다.

"형한테 부탁했는데 형편이 어렵대."

당연하지 않겠는가? 외 벌이에 처자식이 있는데 동생 학비까지 준비할 여력이 있겠는가?

'뜸북 뜸북 뜸북새 논에서 울고 뻐꾹 뻐꾹 뻐꾹새 숲에서 울 제 우리 오빠 말 타고 서울 가시면 비단 구두 사 가지고 오신다더니'

동요가 문제다. 객지 나가면 비단 구두 사 올 거라고 착각하게 한다. 공장에서 기름때 짠 내 묻혀가며 번 돈으로 어찌 비단 구두를 사겠는가? 서울이고 대구고 울산이고 부산이고 객지로 나가면 돈을 왕창 벌거라 착각을 한다. 나도 그랬으니, 객지 나간 오빠가 돈 왕창왕창 버는 줄 알고, 이거 사와? 저거 사와? 장문의 편지로 주문을 했으니 말해 무엇 하리!

나는 또 적금을 깼다. 그렇게 동생 뒷바라지가 또 시작됐다.

동생은 충북대 기계공학과에 입학했다. 등록금은 부탁하더니 2학기부터는 장학금을 타기 시작했다. 용돈만 주면 되니 수월했다. 그러다 2학년 1학기를 마치고 군대를 가야겠다고 했다. 2년 정도 군대를 갔다 오면 나도 한결 수월할 거 같았다.

그리고 동생은 입대했다. 93년 8월이었다. 무소식이 희소식이려니 군대를 보내 놓고도 면회 갈 엄두도 못 내고 있었다. 그러다 그해 12월 말경 면회를 하러 갔는데 부대에 동생이 없었다. 군 병원에 입원했다고 해서 물어물어 춘천 야전병원으로 갔다. 급성간염이 왔다며 다 토하고 아무것도 못 먹는다며 시키면 얼굴로 나왔다. 걱정을 하니 괜찮다고 안심시켰다.

그리고 며칠 후 꿈속에서 동생이 울어댔다. 다시 춘천병원으로 가니 청평으로 후송 갔다고 했다. 다시 물어서 청평으로 가니 아무것도 못 먹고 며칠 계속 토해서 청평 병원으로 왔다며

"누나 군대 밥은 조미료 덩어리라 니글거려서 못 먹겠어. 누나가 밥 좀

해다 주면 안 돼?" 한다.

이튿날부터 밥을 해서 청평으로 날랐다. 밥을 나른 지 일주일쯤 지났나? 그날도 밥을 싸 들고 청평으로 가니 다시 동생이 없어졌다. 복수가 계속 차서 대전으로 후송 보냈단다. 다시 대전으로 가니 대전에도 없다. 서울수도통합병원으로 후송 보냈단다. 왜 미리미리 말을 좀 안 해 주는지? 갈 때마다 허탕치면서 이게 빽 없는 설움인가 했다.

수도통합병원에 오니 둥글이가 있었다. 먼저 군의관이 보자고 했다. 이름도 잊혀지질 않는다. 신현춘 소령이다. 동생의 병명이 재생불량성빈혈이란다. 그러면서 혹시 군 병원에 입원한 기간 중에 영지버섯 먹었냐고 물었다. 그러고 보니 작은엄마가 동생 입원했다고 대추랑 영지버섯 달인 물이라고 청평 병원에 있을 때 준 기억이 났다. 동생이 먹으면서

"누나 이 물 왜 이렇게 써?" 하길래

"몸에 좋은 게 입에는 쓰대" 하며 무심코 어른들이 뇌까리는 말을 했었는데, 그것은 '무지함에서 나온 무책임한 말'이라는 것을, 일을 당한 후에야 알았다.

동생은 성탄절 즈음 선임들이 다 외박 나가고 혼자 업무를 감당하다가 감기몸살이 왔다고 했다. 군에서 준 감기몸살약을 먹었는데 그 약을 먹고 부작용으로 급성간염이 왔고, 다시 영지버섯 물을 먹고 재생불량성 빈혈이 온 모양이다. 군의관 말에 의하면 그러했다.

나중에 알게 된 사실이지만 영지버섯은 간이 찬 사람은 관계없지만 간에 염증이 있는 사람이 먹으면 치명적이라고 한다. 동생이 그런 케이스였다.

군의관은 딱 잘라 말했다. 길어야 3개월이라고, 그러면서 지혈이 안 되기 때문에 오늘 죽을지? 내일 죽을지? 자다가도 바로 죽을 수도 있다고 협박 아닌 협박을 했다. 치료법도 없다고 딱 잘랐다. 그리고 동생은 바로 중환자실로 옮겼다. 나도 아예 수도통합병원 후문 앞에 쪽방을 얻어놓고 삼시세끼 밥을 해다 날랐다.

군 병원 중환자실은 의식도 없는 환자들이 대부분이었다. 의식이 멀쩡한 동생은 중환자실 독방을 배정받았다. 어느 날엔가 전신화상을 입은 상진이가 맞은편 방으로 왔다. 미이라처럼 붕대를 칭칭 감고 누워있었다. 상진이도 누나가 나처럼 간병을 해서 친해졌는데, 며칠 후 상진이는 하늘나라로 가버렸다. 이후로도 젊은 장병들이 사라졌는데, 그렇게 수도통합병원 중환자실은 젊은 청춘들이 금방금방 왔다가 어디론가 사라졌다. 날마다 가슴 미어지는 중환자실이었다.

그런데, 길어야 3개월이라던 동생은 죽지 않았다. 어떻게든 살릴 방법을 찾아야 했다. 여기저기 수소문해서 ATG 면역치료가 있다는 것을 알아냈다. 당시 약은 중외 제약에서만 판매했는데 물어물어 신대방동 중외제약 본사를 찾아가니 약이 있어도 치료를 할 수 있는 의사가 많지 않으니 의사랑 상의하고 오라고 했다.

군의관에게 죽지도 않는 동생 치료해야 할 것 아니냐고? 중외제약을 다녀온 얘기를 하니, 한숨을 쉬며 그제야 솔직하게 털어놨다. 군 병원에서는 치료법이 없다고 했다. 면역치료를 하려면 약도 약이지만 혈소판 수혈을 하면서 혈소판에 방사선을 쏴야 하는데 장비가 없다고, 동생을 살리고 싶은 누나 의지에 당신이 졌다며 바깥병원에 가서 치료하라고 했다. 그렇게 하려면 전역하는 수밖에 없다고 했다. 나는 둥글이를 데리고 여의도 성모 병원으로 향했다.

죽어도 잊지 못할 이름 남순재

Nam Soon-jae, a name I will never forget even after I die

동생을 여의도 성모병원에 입원시켰다. 병원에선 엄마가 간병하고 대외 업무는 내가 봤다. 동생은 면역치료를 시작했다. 일주일 병원비가 700만 원이었다. 일단은 전세자금을 빼서 초기 치료는 감당했는데 이후 치료비 가 문제였다. 지금처럼 보험을 했더라면, 나는 세상 물정 모르는 20대였 다. 2주 지나니 전 재산이 바닥났다. 그리고 문제는 또 있었다. 혈소판 헌 혈할 사람이 필요했다. 그때야 군의관의 말이 이해되었다. 태산 두 개가 앞을 가로막고 있다는 것을 깨달았다.

혈액은 백혈구, 적혈구, 혈소판으로 구성되어 있다. 백혈구는 신체에 이 물질이 들어오거나 생기면 잡아먹는 역할을 한다. 적혈구는 산소나 노폐 물, 즉 모든 세포를 운반하는 역할을 한다. 혈소판은 혈액을 응고하는 역 할을 한다.

동생은 혈액이 만들어지지 않는 재생불량성빈혈 환자였다. 백혈구가 없으니 작은 감염원에도 치명적이라 모든 음식은 삶거나 끓여 먹어야 했고, 적혈구가 없어 산소가 운반이 안 되니 어지러워 머리가 쿵쾅거린다고 했다. 혈소판이 안 생기니 지혈이 안 돼 입안 가득 침이 아닌 피가 고였다. 병실 머리맡 곡반에는 가래가 아닌 피가 그득했다.

당시 백혈구는 수치가 떨어지면 이삼일에 한 번씩 주사를 맞았다. 적혈구는 혈액원 수혈로 가능했다. 그런데 혈소판은 혈액원 수혈로 감당하려면 열사람 분량을 한 번에 맞아야 하는데, 맞아도 인체는 여러 사람의 혈소판이 들어오면 저항을 해서 무용지물이 된다고 한다. 그래서 혈소판 수혈만큼은 한 번에 한 사람 것을 맞아야 했다. 한 사람이 주는 걸 맞아도 일주일을 견디지 못했다. 면역치료를 할 때는 3일에 한 사람씩 필요했다.

동생은 혈액형이 B형이어서 B형인 건강한 남자를 구해야 했다. 여자의 혈액으로는 감당이 안 된다고 했다. 문제는 헌혈할 사람을 직접 구해 조직이 맞는지 검사를 해야 했다. 어렵게 구해서 검사하면 조직이 안 맞기도 하고 조직이 맞아도 헌혈하는 과정에 놀라 연락하면 두절되기도 했다. 피가 마르는 시간이었다. 혈소판 헌혈은 성분 헌혈이라고 하는데 사람이 직접 병원으로 와서 2시간 30분간 누워서 적혈구는 몸으로 다시 넣고 혈소판만 빼내는 작업을 했다. 한 번에 1리터를 헌혈하는 고된 작업도 고된 작업이지만 양팔을 기계에 뻗고 꼼짝하지 않고 견디는 일 또한 웬만한 사명감 없이는 할 수 없는 일이기도 했다. 헌혈하겠다고 검사하러 왔다가 헌혈과정을 설명하면 대부분 다시 오지 않았다.

그렇게 많이도 검사했는데 이후 연락이 계속된 사람은 두 사람이다. 그런데 한 사람은 재검사에서 거절이 나와 할 수가 없었고, 단 한 사람만 남게 되었다. 그 사람이 이의섭 씨다. 그는 헌혈할 사람을 구하지 못해 애태우고 있을 때 병원으로 찾아와서 헌혈 카드를 내밀었다. 당시 헌혈 카드는 충북대학생회서 보내준 걸로 충분했다.

"헌혈 카드는 학교에서 보내줘서 많은데요, 헌혈할 사람이 없습니다."

성분 헌혈을 설명하니 카드는 도로 집어넣고 검사를 받겠다고 했다. 다행히 적합해서 부탁을 하니 거절을 하지 않았다. 그런데 부탁이 한 번으로 끝나지 않는 게 문제였다. 계속된 면역치료로 수혈이 필요한데, 일주일에 한 번은 수혈이 필요한데, 다른 사람은 연락 두절이고, 공중전화부스에서 전화를 거는 내 신세가 처량했지만 그래도 해야 했다. 동생의 목숨이 걸려 있었다. 단 한 사람은 그래도 전화를 걸면 받았다. 나도 낯짝이 있어서 바로 부탁을 못 하고 말을 빙빙 돌리면 왜 전화했는지 이유를 알아챘다.

"헌혈이 필요하군요?"

병원에서 간호사가 짜증을 냈다. 일주일마다 같은 사람을 불러대니 이의섭 씨 팔은 온통 멍 투성이었다. 혈관도 알아챘는지 숨어 나오지 않아 혈관 찾느라 애를 먹었으니 당연한 일 아니겠는가? 어느 날은 이의섭 씨가 내 대신 변명을 해줬다.

"병원에서 성분헌혈은 일주일에 한번씩 가능하다고 하구선 그렇게 말씀하시면 어떡합니까?"

이의섭씨는 3년간 동생이 필요할 때마다 성분 헌혈을 해줬다. 부탁을 하면 그는 언제나 '예스'라고 답했지만, 교통비는 줘도 받지 않았고, 식사를 대접하려고 해도 거절했다. 동생이 면역치료를 끝내고 통원을 할 때는 딸이 태어나 동생 혼자 병원을 다녔다. 통원치료를 할 때도 늘 수혈을 받아야 했는데 이의섭 씨는 동생과는 식사도 하고 용돈도 주고 편하게 지냈다는 얘기를 나중에 알게 되었다.

동생장례식 때 얼굴 보고 한동안 연락 없이 살다가 9년 전 이의섭 씨를 다시 만났다. 전 남편과 이혼소송에 필요한 자료를 찾다가 다음카페에서 이의섭 씨가 남긴 글을 보고 연락을 하니 번호가 그대로였다. 글의 제목은 '죽어도 잊지 못할 이름 남순재'였다.

이의섭 씨는 우스갯소리로 표현하는 '바꾼 남편'이다. 남편을 딸에게 처음 소개하자, 인사를 건네면서 했던 말이 생각난다.

"엄마를 처음 만났을 때 엄마 뱃속에 있었는데 이렇게 컸네"

꼭 내가 해야 한다는 생각을 버리다

Let go of the idea that I have to do it

매일 아침 여섯 시, 어김없이 아침 인사가 올라온다. 우리 본부 단체톡 방 아침 인사다. 인사를 올리는 주인공은 한지수 지점장이다. 본부장인 내가 올려야 마땅하다고 생각할 수도 있지만, 아침 인사로 누군가를 본부의 주인공으로 만들고 싶었다.

사원마다 각자의 재능은 다 다르다. 교육 잘하는 사원, 면담 잘하는 사원, 잔일을 잘 챙기는 사원, 영업자료를 잘 만드는 사원, 1대1 영업은 잘하지만, 대중 앞에 서는 것은 부담 느끼는 사원 등등. 이 사원들을 어떻게 주인공으로 만들 것인가?

어린 카네기에게 부모님은 토끼들을 돌보라고 했다. 토끼들에게 열심히 풀을 뜯어 먹였는데 새끼를 많이 낳아 숫자가 많아졌다. 많은 토끼를 돌보는 것이 힘들어지자, 어린 카네기는 고민을 했다. 이 많은 토끼를 쉽게 돌보는 방법이 없을까? 어린 카네기가 생각해 낸 방법은 토끼 한 마리 한 마리에게 친구들 이름을 붙여보면 어떨까? 였다. 이름을 붙이자, 자기 이름을 붙인 토끼들에게 친구들이 애지중지 풀을 뜯어다 먹이는 놀라운 일이 벌어졌다.

'모든 일은 혼자 하려 하거나 모든 영광을 독차지하려는 사람은 위대한 비즈니스를 성공시키지 못할 것이다.'

'팀워크란 공통된 비전을 향해 함께 노력하는 능력이다. 이것이야말로 보통의 사람들이 놀라운 결과를 이룰 수 있게 하는 연료다.'

철강왕 앤드류 카네기가 한 말이다.

강주영 매니저는 제안서를 훌륭하게 만들어 낸다. 갖가지 형광펜으로 색칠해서 고객들이 한눈에 알아보기 쉽게 제안서를 만들어 낸다. 한눈에 봐도 와아! 감탄이 절로 나온다. 신입사원이 혼자 고객을 만났을 때 형광펜만 보고 설명해도 고객이 감동할 만큼 훌륭한 제안서를 만든다. 난 신입사원을 강주영 매니저에게 보낸다. 나보다 훨씬 좋은 선생이다. 만족도가 최고다.

김민혁 매니저는 교육을 잘한다. 내가 한 교육에 몇 가지를 더 응용해서 더 심플하고 획기적인 교육을 한다. 신입사원도 등급별로 나눠 기초반 심화반으로 운영한다. 신입사원들의 반응이 폭발적이다. 무엇이든 믿고 맡기면 되는 사람이다. 오전 9시 45분이면 신입사원들을 교육장으로 얼른얼른 밀어 넣는다.

주진섭 부본장은 법대 출신이다. 갖가지 법률상식에 대해 물어보면, 단

번에 답을 준다. 특히 운전자보험을 법과 함께 교육할 땐 따라 올 사람이 없다. 본부 내 갖가지 법률 자문을 도맡아 해 준다.

한하나 지점장은 리더십이 최고다. 지점 내의 모든 문제를 본인이 알아서 처리한다. 목표가 주어지면 목표 달성이나 단합이 타의 추종을 불허한다. 한 가지 주제를 주면 일사천리로 움직인다.

김영란 팀장은 오지랖이 넓어서 어르신들의 선생이다. 여기저기서 막히면 불러대도 마다하지 않고 달려가 도와주는 해결사다. N잡러 팀원이 도움을 요청해도 주말이건 저녁이건 늘 달려간다. N잡러는 투잡을 일컫는 신조어다. 보험은 사업가적인 직업이라 투잡도 허용한다.

서희원 지점장은 깊은 강 같은 리더다. 굴곡은 없어 보이지만 꾸준히 바다를 향해 소리 없이 흐르듯 제 길을 가고 있다.

한지수 지점장은 동반 왕이다. 신입사원이랑 동반 가면 일사천리로 일을 해치우고 온다. 그리고 무엇보다 먼 거리를 주저하지 않고 신입사원을 모시고 달려가 준다. 가슴이 찡할 정도로 열심히 달린다.

나는 일 욕심이 많다. 그래서 모든 것은 내가 하려고 들고 내가 해야 직성이 풀렸다. 그게 착각이라는 것을 영업하면서 배웠다. 내가 꼭 해야 할 것은 내가 하고 내가 하지 않아도 될 것은 남이 하면 된다는 간단한 진리를 깨우친 후 생산성이 높아졌다. 다른 큰일이 생겨도 대처하는 능력이 생기면서 성장 속도가 빨라졌다. 내가 모든 일은 다 할 수도 없다. 다 하겠다는 것은 욕심이다.

내가 안 해도 될 일은, 사원들이 할 수 있는 일은 사원들에게 맡겨보라.

맡기면서 '이건 네가 제일 잘하잖아! 라고 해보라. 서로 하겠다고 아우성을
친다. 그 아우성이 '내가 주인이다.'라는 함성이다. 그 함성이 본부를 메울
때 본부는 성장이라는 속도를 내고 달려갈 것이다.

직원이 할 수 있는 일을 리더가 하는 것은 낭비이다. 직원이 성장할 기
회를 빼앗는 것이다.

5부

25년이지만
250년만큼 사셨네요!

You've lived 25 years, but you've lived 250 years!

보유 고객 수가 6,000건이 넘는다, 했다.
나는 입사한 지 5년이 지났을 무렵부터 1,000건이 넘어
보유 계약 명세가 한 번에 내려받기가 안돼, 명절 때마다 선물을
보낼 때 애를 먹었다. 생각해 보니 지금은 본부장이 되어 9,900건
이상을 관리하게 된 셈이다. 다짐이 현실이 된 셈이다.

맹자의 어머니는 왜 이사를 세 번 했을까?

Why did Mencius' mother move three times?

며칠 전 제천 사는 고객이 전화했다.

"우리 딸 보험 설계 좀 해줘. 지난번 사위처럼 사인은 하라고 하고 자동이체는 내 통장으로 해주고, 그리고 큰손주도 해 줘. 돈은 다 내 통장에서 빼 줘."

엄마는 20년 된 고객인데 딸은 무슨 일인지 가입했다가 해약하고를 수차례 반복했다. 딸에겐 사연이 많이 생긴듯 했다. 타사에도 여러 번 가입했다가 해지를 반복했고, 개명도 했고, 자녀도 4명으로 늘어나 있었다. 이유가 있겠지만 묻진 않았다. 하지만 직업상 병력은 묻지 않을 수 없어서 질문하니 우울증약을 먹었다고 얘기한다.

"그동안 고생 많이 했구나? 애들 키우기 힘들지?"

한마디에 젖어 드는 목소리가 전화기 너머 전해진다.

엄마는 딸이랑 큰손주만 하라고 했는데 통화하다 보니 본인 계약이랑 자녀 두 명을 더하겠다고 한다. 그러면서 자녀들 계약은 본인이 부담하겠다고 한다. 그리고 자동차 보험도 해달라고 한다. 이튿날 다시 딸이 전화했다. 막내 보험이 타사에 있는데 너무 비싸다고, 비교해서 다시 하고 싶다고 했다. 이젠 타사로 안 가겠구나! 왠지 모를 안도감이 들었다.

이튿날 사례로 조회하면서 질문했다.

"이 고객은 왜 이렇게 자주 해약했을까요?"

"보험료가 많아서요?"

"힘들어서요?"

"설계사가 맘에 안 들어서요?"

여러 대답이 나왔다.

"아마도 힘들어서였을 겁니다."

그러면서 옛 얘기를 했다.

"맹자 어머니가 왜 세 번 이사했을까요? 제가 예전에 개척해서 알게 된 고객이 있는데요. 거기는 맛샘분식이었어요. 그런데요. 2시만 되면 동네 아줌마들이 모여서 술을 마셨어요. 나도 거기서 술 마셨죠? 왜요? 보험 받으려고요. 술값은 누가 냈을까요? 당연히 제가 냈죠? 저한테 죄다 뒤집어씌웠죠. 술 마시다 보면요, 아예 셔터를 내리래요. 보험이 유지가 잘되었을까요? 아니요. 거기는 맛샘분식이 아니고 술판 분식이었어요. 거기를 지날 때면 지금도 술 냄새가 나는 것 같아요."

"그런데요, 호계동 대림아파트에 사는 분들은 소개받았는데 한 사람도 보험료로 속 썩이는 사람이 없었어요. 그때 알았죠. 왜 맹모삼천지교가 나왔는지, 오래 일을 하다 보면 연어처럼 다 돌아옵니다. 돌아왔을 때 받으시려면 그 자리에 오래오래 계셔야 합니다.”

“오래 일을 하면 혜안이 생깁니다. 누가 찐카인지? 뻥카인지? 단박에 구분이 된답니다.”

정말로 그랬다. 처음 일을 할 때는 쌀인지? 모래인지? 구분이 되지 않았다. 씹어보고 씹히면 쌀이니까 삼켰고, 버적거리면 모래니까 뱉어내야 했다. 뱉어내는 과정에서 상처도 입었고 기분 나쁜 이물감도 오래갔다.

하지만 이젠 안다. 모래면 과감히 가려낼 줄. 경험이란 노하우가 혜안을 준 것이다.

오늘은 이른 점심시간에 역삼동 강강술래를 갔다. 고능률 사원과 식사를 끝내고 각자의 손에 반찬 선물을 들려서 왔다. 지난번 한근태 대표의 코칭을 받고 진행했는데 반응이 최고다.

다녀와서, 며칠 전 소개가 들어온 고객을 만나러 광명으로 갔다. 사원을 보내고 싶었지만 보낸다고 얼굴도 안 보고 보내면 거절할 거 같아 일단 만나기로 약속했었다. 예상대로 꼼꼼하고 깐깐하다. 전에 무슨 일을 했는지 물으니, 아이들을 가르쳤다고 한다. 지금은 성당에 봉사를 주로 다닌다고 한다. 본부장 본능이 발동되어 바로 도입으로 방향을 틀었다. 바로 등록하고 내일 사무실에 오라고 약속하고 헤어지면서 한마디 더 했다.

“메리츠의 서울대로 오시는 겁니다. 메리츠의 하버드라고 생각하셔도 됩니다.”

오랜 경험이 혜안이 되어 도입 박사가 된 기분이다. 뿌듯하다.

냉탕과 온탕을 오간 하루

A day of cold and hot water

냉탕과 열탕을 오간 하루였다. 딴 때라면 '아구 머리야' 푹 꺼진 한숨부터 뱉었을 테지만 '고요하면 사는 게 아니다. 날마다 일이 일어난다는 것은 살아 있다는 증거다. 죽으면 매일 매일이 고요하다'는 한근태 대표의 얘기를 듣고 위로가 되어서 '그래, 해결하자'로 자세를 바꾸고 문제랑 마주쳤다.

냉탕은 챌린지에서 일어났다. 챌린지는 시험 전 과정을 일컫는다. 보험에 입문하면 챌린지에서 공부하고 시험을 보고 합격해야 비로소 일할 자격이 주어진다. 챌린지는 신입사원이 오면 처음 입문하는 곳이다 보니 서로 생소하고 조심스러운 곳이다. 그래서 매니저의 태도가 중요하다. 신입사원의 방향을 좌지우지한다. 근데 매니저의 태도가 정년퇴직 후 새로 일을 시작한 신입사원의 감정을 상하게 한 모양이다. 그래서 공부를 하다가 가버렸다고 한다. 그냥 막무가내로 안 하겠다는 걸 본부장에게 보고는 해야 한다고 겨우겨우 달래서 사유는 파악했다. '여기 아니면 일할 때 없냐고' 엄청 자존심 상한 것 같았다.

내용은 이러했다. 신입이 며칠 전 점심시간에 식사하면서 막걸리 한 병을 주문했나 보다. 본인이 계산하려고 생각하고 있었는데 다른 사원들 앞에서 '막걸리 드시는 것도 안 되지만 막걸리값은 본인이 계산해야 합니다.' 딱딱하게 얘기해서 감정이 상했다. 거기에 수업 와서 나이가 있다 보니 공부를 더 하고 싶다고 요청했는데, '더하고 싶은 공부는 집에 가서 하시는 겁니다' 잘라 말한 모양이다. 화가 난 신입이 1시간도 못 되어 가버린 것이다. 오후엔 센터 회의 끝나고 부랴부랴 신입에게 전화해서 죄송하다고 싹싹 빌었다. 혼자 도서관 가서 공부하겠다는 답변을 듣고 시험 당일 해당 팀장이 시험장에 모셔가기로 하고 일을 마무리했다.

열탕은 4지점 회식 자리에서 일어났다. 지점 회식 때는 본부장인 나는 거의 참석을 하지 않는다. 하지만 이번에 팀장 둘이 그만둔 데다 지점 단합도 필요하고, 지점장이 회식비 지원도 요청해 겸사겸사 참석했다.

예정된 사무실 바닥청소에 뒷정리하다 보니 7시가 넘어서 도착했다. 회식은 무르익어 있었다. 와! 반가운 함성이 쏟아졌다. 맥주와 소주를 섞어 찐하게 마시니 취기가 올랐다. 건배사를 하며 누적된 스트레스를 쏟아냈다. 막 입사한 2차 월, 타사에서 온 상철 씨 차례가 되었다.

"여러분 제가 오징어로 건배 제의하면 여러분은 성장으로 답을 해주시면 됩니다."

"뭐지?"

어리둥절해하자, 상철 씨가 건배를 잠시 멈추고 핸드폰에서 사진을 보여주며 얘기를 꺼냈다. 강남 사옥 앞에서 밝게 찍은 사진이다.

"오늘 나 이상철은 메리츠 강남 사옥을 다녀왔습니다. 빌딩에 들어서니 1층 출입구에서 경비가 막았습니다만, 명함을 꺼내 보여주면서 '저 메리츠 화재 설계사입니다. 회사 사옥 탐방 왔습니다.' 소개하니 열어 주더군요. 당당하게 1층 엘리베이터에서 15층을 누르고 올라갔습니다. 언더라이팅 부서였는데, 정말 열심히 일하더군요. 14층, 13층, 12층, 11층, 10층, 차례대로 누르고 사무실을 봤는데 모두 너무 열심히 일하고 있었습니다. 감동했습니다."

옆에서 상철 씨를 도입한 연주 씨가 한마디 거든다.

"그래서 상철 오빠 메리츠에 반했대요. 열심히 일만 할거래요."

상철 씨가 건배 제의를 다시 시작했다.

"오징어의 오는 오랫동안 징은 징하게 어 어울리며 하면, 여러분은 성장! 하시면 됩니다."

"오징어?"

"성장!"

건배를 외치며 깔깔 웃어댔다.

강남 사옥은 임대료가 비싸지만, 입지가 좋아서 유명 브랜드가 입점해 있는데, 입주자들이 요청해서 출입부터 깐깐하게 확인한다는 얘기를 들은 것 같다. 나도 여러 번 본사를 방문했는데 그때마다 방문 목적을 확인한

후 출입을 허용했다. 그런데 명함 한 장 들고 본사 탐방을 갔다는 상철 씨 얘기를 들으니 말할 수 없는 놀라움과 감동이 밀려왔다.

"본사 출입, 아무나 안 들여 보내줘요. 그런데 메리츠 설계사 명함 보고 보내줬단 말이죠? 감동이네요. 그 경비 누굴까요? 방문목적이 없으면 안 들여보내 주는데."

말을 하다 보니 울컥 감정이 올라와서 눈물이 쏟아졌다. 손으로 눈물을 훔치니 식당 사장이 사진 찍는 흉내를 내서 한바탕 울다 웃었다.

"아, 그렇습니까? 저는 메리츠 사옥을 다녀오고 자긍심이 생겼습니다. 그래서 열심히 일하려고 마음먹었습니다. 직원들 일하는 모습 보고, 또 설계사를 대접하는 것을 보고 이 회사를 다시 봤습니다."

열탕을 선물한 그 경비가 누굴까? 몸에 밴 배려로 상철 씨에게 회사탐방을 선물한 경비가 더없이 감사한 하루였다.

무슨 일이나 다 때가 있다. 특히 말은 그렇다. 옳은 말이라도 상대가 들을 준비나 자세가 되어 있지 않으면 때를 기다릴 줄 알아야 한다. 옳은 말이라도 아무 때나 하는 것은 좋지 않고 효과도 없다. 고객을 만나보면 막걸리를 식사 대용으로 드시는 분들도 많다. 신입사원은 한 잔씩 나눠 먹으려 했다는데, 설령 맘에 들지 않아도 '밥보다 막걸리가 술술 잘 넘어가요. 그렇죠? 맛있게 드시고 오후에 공부 열심히 합시다.'라고 파이팅 해주고 매니저가 먼저 계산한 다음 내게 청구하는 센스가 있었다면 어땠을까? 본인은 정시에 퇴근하고 싶은데 신입사원이 공부를 더 하고 싶다고 했다면,

'죄송하지만 제가 선약이 있어서 함께 도와드릴 순 없고 혼자 하셔야 하는데 괜찮을까요?' 물었다면, 어땠을까? 명함을 보고 방문 목적을 묻지도 않고 회사 탐방 왔다는 신입사원의 말 한마디에 회사를 기꺼이 탐방하게 하고 자긍심을 준 경비랑 매니저가 비교되어 만감이 교차한 하루였다.

친절한 영해 씨

Kind Younghae

　영해 씨는 타사에서 온 12개월 차 신입사원이다. 타사에서는 도입을 잘하는 도입 선수였다고 한다. 영해 씨에겐 친절함과 묘한 집요함이 있다. 그 때문에 일을 하고도 인정보다 왕따를 당했다고 했다. 영해 씨는 검은색 박스 모양의 손수레를 끌고 출근한다. 집이 사무실과 가까워 늘 걸어서 출근한다. 아침마다 조용히 수줍은 듯 저음으로 안녕하세요? 하고 들어온다. 요 몇 달간 계약하면 내리내리 취소를 당했고, 가입한 계약조차 민원이 들어 와 하나 지점장이 방문해 간신히 해결하고 돌아왔다. 풀 죽은 모습으로 출근하는 영해 씨를 보면서 딱했지만 지켜볼 수밖에 없었다. 걱정이 되어 하나 지점장이랑 면담을 하니, 이렇게 얘기했다.

　"당분간은 전화고 뭐고 안 하는 게 좋을 것 같아요. 그래서 하지 말라고 했어요. 들이대야 영업이 되는 것은 맞아요, 그런데 혼내듯이 들이대니까 고객들이 자꾸 민원이 들어와요, 도입 콜도 하지 말라고 했어요. 이력서마다 다 전화를 해서 다른 사람들이 전화를 하면 메리츠에 진절머리가 난대요. 전화를 다 차단해 버려요. 그래서 도입 연결이 안 돼요."

"우선 영해 언니는 브레이크를 걸어야 할 것 같아요. 생각하면서 말하기, 전화도 적당히 하기, 설명도 필요한 것만 하기, 콜도 상황에 따라 하기, 당분간은 제가 생각하면서 어떻게 할지 고민해 볼라구요. 시간이 걸려도 천천히 다시 하는 게 맞을 거 같아요."

나름 솔루션과 계획도 함께 보고했다. 급여가 없어서 걱정을 하니,

"걱정하지 마세요. 영해 언니 전 회사에서 몇 달 동안 월급 없어도 안 그만뒀어요. 사람 취급 안 해서 그만둔 거에요. 여기서는 절대로 안 그만둬요. 월급 천천히 받아도 제대로 일 배우고 싶대요. 그리고 여기가 너무 좋대요."

한다. 영해 씨는 돈보다 사기가 꺾이지 않는 게 더 중요했다.

그러다 지난 2주에 걸쳐 영해 씨가 일을 냈다. 강원도 고객을 이관해 줬는데 방문해서 컨설팅을 제대로 한 것이다. 컨설팅은 민혁 매니저랑 하나 지점장이 도와준 모양이다. 그리고 고객 응대 기법이나 화법은 하나 지점장이 코칭한 대로 제대로 한 모양이다. 시작부터 마무리까지 사례를 들으니 감동이다.

새벽 5시에 출발해 그것도 시외버스를 타고 영해 씨의 트레이드 마크인 시커먼 손수레를 끌고 다녀온 모양이다. 그것도 몇 번씩이나. 상담한 고객은 횡성군 어디쯤 이장이라고 했다.

우리 본부는 가끔 간증을 한다. 사례 발표 시간을 출근한 가족이 출근을 못한 가족에게 '오늘은 누구 간증 있었어.' '지금 누구 간증 중이야.' 전달받았다길래 아예 조회 시간에 사례 발표를 하기 전

"자 지금은 간증 시간입니다."하고 시작하면 한바탕 웃음부터 쏟아낸다.

당연히 지난주엔 친절한 영해 씨의 간증이 있었다.

"6개월 전부터 약속했는데, 자꾸 약속을 안 지키는 거예요, 그러다 지난주 갑자기 오늘 올 수 있냐는 거예요. 이때다, 하고 얼른 갔죠. 타사에 보험 가입하고 심근경색으로 진단받고 보험금 청구하는데 화를 내서 받긴 했는데, 진단자금은 얼마 안 되는데 보험료를 어마어마하게 내고 계셨어요. 그래서 다 줄여 줬어요. 너무 고맙대요. 흥."

매력적인 영해 씨의 간드러진 콧방귀에 다시 웃었다.

"영해 씨는 다음 달 월급이 천만 원 넘을 겁니다. 그러면 떡을 하실 건데 그러면 우리는 기쁘게 먹고 축하해 줍시다. 영해 씨 떡 하시는 거죠?"

영해 씨가 와서 조용히 얘기한다.

"사실 이번에요, 민혁 매니저님이 애써 주셨구요. 하나 지점장님 얘기대로 천천히 말을 많이 참았어요. 그래서 된 거예요. 너무 감사해요."

영업은 화단과 같다. 넓은 화단에 계절별로 꽃씨를 뿌리고, 때가 되었을 때 꽃이 피면 열매 맺히기를 기다리고, 다시 꽃씨를 받아 화단에 뿌리고, 다른 꽃이 피면 또 열매 맺히기를 기다리고, 다시 꽃씨를 받아 화단에 뿌리고, 사이사이 거름을 주고, 풀도 매는 것이다. 아직 피지 않은 다른 꽃들

에 너는 왜 아직 피지 않았냐고 독촉할 필요도 없다. 내가 내 자리에서 부지런히 뿌리고 가꾸면 꽃들은 계절에 꽃과 열매를 선물하는 법이다.

나처럼 살게 하고 싶지 않았다

I didn't want you to live like me

시어머니에게는 서초동 형님네라 불리는 자랑스러운 장조카가 있었다. 무지개아파트에 살았다. 산업은행 지점장이었는데 인품이나 학식이 훌륭했다.

딸아이가 태어난 지 9개월, 추석 연휴가 끝나갈 무렵이었다. 동서네 식구랑 우리 식구는 시어머니 성화에 못 이겨 서초동 형님네를 방문했다.

마침, 그날 나랑 동갑인 서초동 형님네 조카가 남편 될 사람을 인사차 집으로 초대한 모양이다. 저녁 식사 시간에 맞춰 초대했나 본데 오후 4시가 넘어도 우리 집 식구들이 떠날 기미가 안 보이자, 서초동 형님이 손님 온다고 쫓아내듯이 몰아냈다.

내심 손녀사위 얼굴 보기를 기대했던 시어머니 얼굴에 실망한 기색이 역력했다. 아주버님과 동서는 나오는 길에 씩씩대면서 투덜거렸는데 동서가

했던 한마디가 잊히질 않는다.

"당신이 소 대가리 얘기만 자꾸 하니까 형님이 가라고 내쫓는 거잖아!"

맞다. 아주버님이 꺼낸 얘기는 소머리 얘기가 다였다. 수다스러운 아주 버님은 상대방 생각은 않고 소머리도 소 대가리라는 표현을 써가며 미시 령, 속초를 넘나들며 소머리 장사 얘기를 무용담인 양 주야장천 해대니 서 초동 형님 입장에선 못마땅했을 거다. 서초동 아주버님은 훌륭한 인품의 소유자답게 딱히 제지도 하지 않고 맞장구쳤는데 그걸 받아주는 걸로 착 각하고 신나게 떠들어 대고 있으니 사위 될 사람이 와서 그 꼴을 보면 민 망할 게 뻔할 터였다. 가뜩이나 서초동 형님은 품격에 민감하고 강남에 대 한 자부심이 강하니 당연한 일 아닌가?

서초동 형님의 입장은 이해되지만, 일가족이 쫓겨나오듯 하는 모양새 앞에 같은 처지인 나도 처량했다. 거기다 조카는 나랑 동갑인데 성신여대 를 졸업했고 당시 대한항공에 다니고 있었다. 방직공에 미싱공, 경동시장 판촉사원, 서울대병원 청소부, 급식 알바 다양했지만, 내 직업은 내 세울 게 없었다. 게다가 동생 병시중을 하고 있었다. 내 처지와 비교하고 싶지 않았지만 슬프게도 비교가 되었다. 서초동 형님 사윗감은 현대의 엘리트 사원이라고 자랑했는데 내 남편은 조립식으로 공장 짓는 노가다 십장이 었다.

그날 딸을 안고 나오면서 마주했던 서초동 무지개아파트 넓은 주차장 과 담벼락이 잊히질 않는다. 비참했지만 그때 했던 다짐 또한 잊을 수가 없다.

'지금 비록 이렇게 살지만 내 자식은 결코 이렇게 살게 하지 않으리라.'

그리고 몇 년 후 나는 보험을 시작했고 오늘에 이르렀다.

보험을 시작하고 10년이 지났을 무렵인가 보다. 서초동 조카를 만났다. 결혼하고 해외에 오래 나가 있다가 입국을 한 지 얼마 안 되었을 때다. 나랑은 동갑이어서 생각도 통하고 편했다. 당시에도 보험왕으로 이름을 날릴 때다. 귀가 닳도록 나에 대한 자랑을 듣고 온 듯했다.

"숙모님 얘기 들었어요. 정말 대단하세요. 보험왕이라고, 정말 존경해요."

그 말은 진심이었다. 조카 덕분에 서초동 무지개아파트를 쫓겨나오던 그날 다짐이 새삼 떠올라 만감이 교차했다.

10년이 지나 조카 딸에게 듣는 인사는 뭐라 형용하기 어려웠다. 하지만 처량했던 어제를 보상받는 기분은 분명했다.

두어 달 전 지방 방문 때 딸과 함께 이런저런 이야기를 하면서 무지개아파트에서 있었던 일을 얘기했다.

"너를 엄마처럼 살게 하고 싶지 않았는데, 성공했는지는 모르겠어? 경제적으로는 자유를 줬지만, 간절함은 못 준 거 같아 아쉬워. 사람은 가끔 아쉬움도 있고, 갈증도 있어야 삶이 동기부여가 된단 말이지, 그래야 주도적으로 자기 삶을 사는데 말이야. 적어도 본인 삶은 살아야 하지 않겠어. 너도 그렇고 이정이도 그렇고."

나는 어제의 간절함이 오늘의 나를 만들었다고 확신한다. 그래서 가끔 넉넉한 것을 경계한다. 불편했던 어제들이 있어 편한 오늘이 감사하다. 그래서 너무 편한 것도 경계한다. 사람들은 죽어라, 일만 하냐고, 이젠 돈 그만 벌어도 되지 않냐고, 건강을 걱정해 주지만, 나는 누가 뭐라 하든 내 길을 어제처럼 간절하게 조금은 불편을 감수하며 걸어갈 생각이다.

돈을 버는 건 기술, 쓰는 건 예술

Making money is a skill, spending it is an art

몇 달 전 일이다. 왕림에서 볼일을 마치고 차에 탔는데 100미터도 못 가 심한 쇳소리가 났다. 순간 겁이 덜컥 났다. 이대로 안양까지 가다가는 고속도로에서 멈출 것 같은 불길함이 밀려왔다. 급한 대로 정순 언니 형부를 불렀다. 식당에서 일을 하다 말고 형부가 달려왔다. 내리라고 하고 잠깐 운전해 보더니

"이대로 가면 안 돼, 가다가 차가 그냥 퍼진다구, 카센터가 퇴근 안 했을라나." 하고 바로 옆 카센터에 차를 세웠다. 간판에 불이 꺼져있었다.

"보이는 전화번호로 얼른 전화해 봐"

신호가 한참 울린 끝에 전화를 받았다.

"멀리 갔어요? 차 손 좀 봐야 하는데 멀리 안 갔으면 와서 좀 봐줄 수 있어요?

"벌써 집에 와서 어렵겠는데요."

"안양 사는 처제가 왔다가 차가 문제가 있어서 이대로 가면 안 될 거 같아서 부탁 좀 드리는 거래요. 저 강원도 메밀막국수래요."

"아 네 차 돌려서 가겠습니다. 다시 갈라면 한 시간 걸립니다."

한 시간 후 도착했다는 연락이 왔다. 퇴근했는데 불러서 미안하다고 형부랑 나랑 연신 인사를 하니 이렇게 말한다.

"저도 맨날 밤늦게 찾아가서 밥 달라고 해서 얻어먹는데, 강원도 메밀막국수 아니면 안 왔어요. 신세 지고 사니 이럴 때 갚아야죠? 오늘따라 일이 없어서 일찍 퇴근했는데, 집에 다 도착해서 전화를 받아 다시 오느라 시간 걸렸습니다. 차 손보고 연락 드리겠습니다."

밤 10시가 넘어서야 수리가 끝났다. 감사했다. 정순언니네가 평소 베푼 덕을 내가 돌려받은 셈이었다.

정순 언니는 나의 VIP 고객이자 친언니 같은 사람이다. 언니는 20년 전 화재보험을 일수 찍듯이 수금하러 다닐 때 만났다. 월암리 회화나무라는 식당에서 카운터와 서빙을 도왔다. 당시 월 30만 원의 화재보험을 체결하고 이틀에 한 번 2만 원씩 수금했다. 주인이 수금을 바로 안 해주고 미적거릴 때마다 금고에서 돈을 꺼내준 언니다. 당시 장사수완이 뛰어난 언니를 주인 부부는 어려워했다. 가끔 언니가 내뱉던 말이 생각난다.

"바쁜 사람 얼른 수금해 줘서 내보내지 뭘 하러 붙잡아놔 참 심보가 고약해." 수금하고 오는 길 표현 못했지만, 속이 후련했다. 그러다 10년 전 서부경찰서 옆에서 식당하다, 5년 전 왕림으로 옮겼다. 서부경찰서 옆에서는 가게가 워낙 커서 시누이 부부와 동업을 했는데 왕림에선 규모를 줄여 정순 언니네 부부가 운영한다.

왕림으로 옮길 때 잔금 날이 맞지 않아 잠깐 보증금을 빌려달라고 부탁했다. 언니를 잘 알기 때문에 빌려주고 싶었다. 하지만 돈을 빌려주고 여러 번 고생한 경험이 있어 안전장치는 만들어야겠다 싶어 '미안하지만 공증하고 빌려주겠노라' 제안했다. 공증사무실에서 법률 용어로 질문하며 서류를 작성할 때, 변호사가 나와서 판결하듯이 물어볼 때 얼굴이 화끈거렸다. '그냥 믿고 빌려주면 될 걸 이렇게까지 할 필요가 있나.' 언니는 약속대로 바로 돈을 갚았고 다행히 장사가 너무 잘됐다. 손님들에게도 이웃들에게도 퍼 주기 때문이다.

이웃들에게 퍼 준 덕을 내가 많이 본다. 언니가 왕림에서 이웃들을 소개해 준 덕에 왕림에도 고객이 많이 생겼다. 옆집 미용실, 대 놓고 식사하는 거래처 공장 사장들, 주변 단골들이다.

언니는 김장철마다 김치를 몇 통씩 준다. 돈을 주면 안 받아서 며칠 전 미용실에 간 김에 주말에 먹을 찌개랑 조림을 주문했다. 파마하기 전 배가 고파 된장 좀 끓여달래서 먹고 있는데 근처에서 공장을 하는 사장이 직원 둘이랑 왔다.

"형부 저 사장님네 식사 제가 계산해 드려도 될까요? 사드리고 싶어요."

"달아 놓고 먹는데? 그래 오늘 건 사 줘."

계산하고 인사를 하니

"아 왜? 얻어먹을 거면 비싼 걸 얻어먹어야지!"

농담을 한다.

미용실에서 머리를 하고 있자니 공장 사장 배우자가 왔다. 그사이 나를 만났다는 말을 한 모양이다. 청구 서류를 주며

"우리 아저씨 밥 잘 먹었대요. 그때 하려다 만 우리 아저씨 보험 좀 마무리해서 제안해 줘요." 한다. 며칠 후 만나기로 하고 공장 사장 배우자가 갔다.

파마를 풀고 머리를 자르면서 미용실 원장이 물었다.

"공진단 잘하는 데 있어요?"

이유를 물으니 좀 전에 다녀간 공장 사장네 얘기를 하며 요즘 통 식사를 잘 못하셔서 사드리고 싶다고 한다. 손님으로 친해졌지만, 정순 언니네 덕에 같이 밥 먹으며 더 친해졌지만, 건강하게 오래오래 일 잘하셔야 할 거 아니냐고? 힘들어하는 것 같아서 꼭 사드리고 싶다고, 내 돈이 아깝긴 하지만 돈은 이럴 때 쓰는 거 아니겠냐고?

'돈을 버는 건 기술이지만 쓰는 건 예술'이다.

정순 언니네는 기술과 예술이 넘쳐나는 사람들로 늘 붐빈다. 그 덕을 나는 연신 연신 본다.

참 따뜻한 왕림리다.

5부　25년이지만 250년만큼 사셨네요!

198

25년이지만 250년만큼 사셨네요!

You've lived 25 years, but you've lived 250 years!

2시, 1시, 3시, 자동으로 눈이 떠진다. 습관이 무섭다. 글을 써야 하는데 딱히 주제는 떠오르지 않고, 책을 읽을까? 정리 안 된 머리가 지식을 받아들일 준비는 되어 있지 않고, 이불 속을 뒹굴 뒹굴하다 핸드폰을 들고 나에게 카톡을 보낸다. 낮에 있었던 일들을 끄적거리니, 집중이 되기 시작한다. 한근태 대표는 보이차를 마시라는데 오늘은 일단 커피를 한잔 진하게 내린다. 진하게 정신아, 맑아져라! 진하게 글아, 써져라!

글을 쓰기 시작하면서 많은 걸 버렸다. 일단 업무가 끝나면 미적거리지 않고 집으로 온다. 와서 저녁을 먹고 바로 잠을 잔다. 자다가 아무 때고 깨면 먼저 글부터 쓴다. 글을 쓰다가 막히거나 지루하면 책을 본다. 이런 시간엔 연락해 오는 이도 없고 따로 빼앗길 에너지도 없어 선택과 집중이 잘된다.

낮에는 기자 출신 고객이 방문했다. 경력 단절이 아까워 몇 년 전부터 일을 권유했는데 자녀 키우기에만 몰입하고 있어 일을 권유해도 먹히지가 않는다.

내후년이면 80세가 되는 부친 보험을 다시 컨설팅해야 하는데 깐깐한 아버지가 설득이 어려운 모양이다. 2년 전에도 같은 건으로 방문했는데 결정 못 하고 다시 왔다. 이번엔 엄마가 성화인 모양이다.

나는 상담을 하다가 도입하고 싶은 자원이면 본인이 설계해서 본인이 소득을 받아 가라고 가입 권유를 미룬다. 그래서 설명하다 말고 일 권유하고, 설명하다 말고 일 권유하기를 반복한다. 난이도가 있는 도입은 온갖 지혜를 짜내야 하므로 갖은 재능을 펼쳐 놓고 꼬신다. 동물의 세계에서 수놈이 암놈 꼬시듯 온갖 묘기로 꼬신다. 어르신 말마따나 연애할 때 이렇게 꼬셨으면 시집을 잘 갔을 거라는 우스개가 나올 만큼 최선을 다해 꼬시고, 유혹하고, 권유하고 설득한다. 본부장이 된 이후엔 특히 그러하다. 도입은 본부장의 업무 중 가장 중요한 업무이기 때문이다.

그래서 소현 씨에겐 책 출간예정이라며 글을 보여줬다. 기자 출신답게 꼼꼼하게 보여주는 것마다 다 읽어 내려갔다.

"쉬운데 솔직하고 울림이 있네요. 그냥 술술 써 내려가는 거 같은데 깊이가 있어요.

나는 글을 쓸 때 소재가 없어서 쥐어짜느라 힘들었는데 25년 영업하면서 겪은 일이 좀 많겠어요? 25년이라지만 250년 살아낸 것처럼 사연이 많을 거잖아요?"

"저는 살아내기 힘들었어요."

"맞아요. 살아내기 힘드셨겠지만 그게 지금 생각해 보면 얼마나 큰 자산이에요 정말로 대단하세요. 부러워요. 저는 평탄하게 살아서 삶의 굴곡이 평이하다 보니 쓰고 싶어도 쓸 게 없어요. 남의 얘기나 듣고 쓰는 것 외에는요. 그건 남의 얘기지 내 얘기가 아니니까 울림을 주기도 어려워요."

"무슨 말씀을요? 남의 얘기를 내 얘기처럼 잘 쓰는 사람이 정말 글 잘 쓰는 사람이죠?"

이야기를 나누다 보니 전에는 어려웠던 소현 씨가 편해졌다. 다시 일하자고 권유했다. 6학년이 되는 아들이 학교에서 전교 회장을 할 모양이라 상반기에는 바쁘고 학기 초 준비를 끝내고 생각해 보겠다고 한다. 아들 사주를 물으니 '수국'이다. 사주 원국이 대부분 물로 이루진 걸 '수국'이라고 한다. 궁금하지 않냐고 물으니 놀란다. 사주카페에 초대하겠다고 하니 고마워한다. 똑똑한 신입사원에게 소개하고, '사주카페에 초대하고 관리 부탁해?' 하니 좋아한다.

한근태 대표의 말이 맞다. 내가 누구인지 책으로 증명해야 하는 거다. 나를 알리는 방법으로 책만 한 게 없는 거다. 다시 한번 감사한 하루였다.

본부장의 본분은 무엇일까? 사원 관리와 사원 영입이다. 나는 그 말을 인재관리와 인재영입이란 말로 바꿔 불러야겠다. 리더는 인재를 키워야지, 사원을 관리해서야 되겠는가?

사원의 재정의는 무엇일까? 인재의 재정의는 무엇일까?

사원은 관리자가 키우는 것이고 인재는 리더가 키우는 것이 아닐는지?

25년 현장에서 굳은살 박여가며 잔뼈 굵어진 내가 250년을 살아낸 노하우로 인재를 키운다면 아! 생각만 해도 행복한 새벽이다.

불편한 얘기는 계속하게 하라

Let the uncomfortable conversation continue

아침 일찍 장문의 카톡이 왔다. 아마도 미리 작성했다가 작정하고 보낸 듯하다.

'본부장님~

본부 전체 리더가 자리를 비운 날 아침, 1팀 신인 카톡방 정리하고 매니저에게 물어보니 리더 방에 카톡방 공지 계속했다고 하네요. 매니저에게 물었어요. 신인 카톡방 목적은 무엇인지~☆공지☆라고 하네요.

내 조직에 새로 들어온 팀원이 경력이든 신인이든 공지를 전달하기! 전체 톡 공지 보고 다 알겠지! 할 거면 리더가 왜 필요할까요? 리더 미팅 때 전달되는 공지 사항은 팀 미팅 때 알려줘야 하는 거 아닌가요? 다른 팀은 본부장님 조회 끝나고 미팅하는데 1팀은 아무것도 안 하는 거 아실까요? 지속적인 팀 미팅 시간이 없어요.

보증보험 갱신도 왜 마지막 날 이야기해 주는 건지 물었더니 본부 공지 못 보셨어요? ***과 대화에요. 어제 아침도 그래요, 사무실 나오니 리더가 아무도 없길래 전화했더니 몇 일 전에 연수원 간다고 말해서 알고 있는 줄 알았대요. 팀 전체 공지에 공지해 달라고 말했어요.

적재적소에 필요한 공지가 안 되면 오해를 받을 수 있어요. ***은 신인인데 신인 카톡방에 초대받지 못한 점, 보증보험 마지막 날까지 *** 못 챙겨 결국 마무리 제가 했고 (월화 자리 비운 사이) 출근 안 하는 팀원에게 전화 한 통 안 하는 팀장, 어제 저는 짜증 그 자체였던 기분으로 하루를 시작하니 하루 종일 피곤했어요.

조직의 성장은 배려와 존중이지 방관과 개인주의가 아닌 것 같아서 긴 글 써봅니다.'

구구절절이 맞는 말도 있고 아쉬운 부분도 있다. 장문의 카톡으로 구구절절 답변해야 하나? 고민하다 전화를 걸었다.

"오늘 시간 낼 수 있어? 저녁 먹자?"

카톡을 보낸 사원은 채주영 FP다. 나는 편하게 주영이라고 부른다. 며칠 전에는 주영이가 챙기는 중년의 신입사원이 그만두겠다고 한다. 맘 아파해서 소주 한잔하자, 했는데 그새 또 다른 불편이 생긴 거다. 주영이는 다양한 경력을 가진 사원이다. 보험경력도 많지만 다양한 판매 경력도 많다. 무엇보다 마음이 따뜻하다. 오지랖도 넓다. 주변 사람도 잘 챙긴다. 그러다 보니 본인 일보다 주변 사람들 일로 에너지를 소비하는 일도 많다.

보험 일은 모집에 연령 제한이 없다 보니 중년의 신입사원도 많다. 중년에 시작한 사원은 사회 경험은 많지만, 보험 일은 많이 어려워한다. 가끔 의욕이 앞서서 혼자 해보겠다고 나갔다가 질문에 답변 못 해 곤란한 사항에 맞닥뜨리곤 한다. 곤란한 사항이 생기면 바로바로 질문하면 되는데, 순간 말문이 막히는지 그냥 돌아와선 포기하고 그만두겠다는 말을 다반사로 한다.

며칠 전 그만두겠다고 말한 사원도 그런 경우다. 그럴 때마다 설득하고 가르치기를 반복한다. 젊은 사원들은 젊은 사원들대로 거절당하면 처리 못 하고 도망가기 일쑤다. 기술 전수해야지, 멘탈 관리해야지, 본부장은 멀티가 되지 않을 수 없다.

삼겹살을 주문하니 주영이가 굽겠단다.

"아니 내가 구울 거야, 너 힘들었으니까 내가 구워 줄게. 맛있게 먹어."

이런저런 잡다한 얘기와 카톡으로 못다한 얘기를 했다. 그리고 정중하게 사과했다.

"주영아 네 말이 구구절절이 다 맞아! 일단 불편한 일들을 만들어서 내가 진심으로 사과부터 할게. 팀장이든 지점장이든 본부장인 내가 제대로 교육 못 했으니까, 내 불찰이 큰 거야. 정말로 미안해. 그리고 부탁도 하고 싶은데, 네 말이 다 맞지만, 팀장이든 지점장이든 코칭을 하려면 다 때가 있거든. 아무 때고 코칭을 하려고 들면 도리어 역효과 나니까 차근차근 상황 봐가며 바꿔나갈 테니까 조금만 기다려줬으면 좋겠는데, 괜찮을까? "

"본부장님은 솔직해서 정말 좋아요. 언제나 쿨해요. 이제 불편한 얘기는 안 할까 봐요. 이게 마지막이에요."

"아니 불편한 얘기는 계속해야지, 한근태 대표님이 그러셨잖아, 우리 본부는 할 말 다 하는 본부라고. 그리고 대표님이 대화는 입 산책이래. 얼마나 멋진 표현이야, 머리도 가슴도 같이 산책이 되지 않겠어?"

그러면서 예전에 지점장들이랑 갈등했던 사례를 얘기하며 본질에 집중했으면 좋겠다고 한마디 더 했다.

"어떤 농부가 밀밭에 밀을 심었는데, 가라지도 났다잖아. 하나님한테 따지면서 가라지는 뽑아야 될까요? 물으니까 내버려두라고 했대. 밀은 가라지를 보고 자라면서 저렇게 살지 말아야지? 다짐할 테고, 가라지는 자라면서 어떻게 하면 밀처럼 알곡 지게 살 수 있을까? 반성할 거라고. 그리고 추수 때가 되면 자연스레 알곡만 거둬들일 거니까 내버려두라고, 내 본분을 지키면서 열심히 일하다 보면 자연스레 알곡이 생기는 법이야. 괜히 너는 왜 알곡을 못 만드니? 탓할 필요가 없는 게 인생인 거 같아."

"이제부터는 제 일에 집중할 거예요. 그리고 이달에 200P 할 거예요."

된장찌개를 떠 주며 저녁을 맛있게 먹었다.

들어는 주되 맞장구치지는 마라

Listen, but do not agree

본부장은 리더를 수업하는 자리다. 리더 수업이 불필요한 리더는 없다. 리더 수업은 꼭 필요하다. 나는 리더 수업을 좋아한다. 회사에서 진행하는 대표적인 리더 수업은 독서토론이다. 그리고 매월 진행하는 본부장 워크숍이 있다. 이외 간간이 본부 리더들이 단합할 수 있는 행사를 진행하는데 그 또한 리더 수업이라고 생각한다.

엊그제는 '나는 리더다.'라는 주제로 연수원에서 워크숍이 있었다. 간간이 진행하는, 본부 리더들이 한 방향으로 단합할 수 있는 교육이자 행사였다. 안양에서 우이동까지 왕복으로 당일치기 운전을 하면 조금은 피곤하다. 나는 강주영 코치가 운전하는 차를 김영란 팀장이랑 같이 탔다. 편하게 영란아! 주영아! 부르는 사원들이다. 사무실에 도착하니 주영이가 힘들어해서 밥 먹기로 했다고 영란이가 말한다.

"같이 가자? 가서 술 한잔하자?"

옛날 삼겹살을 주문했다. 서비스가 몸에 밴 주영이가 굽겠다고 집게를 들었다.

"주영이는 운전하느라 고생했고, 영란이는 승격해야 하니까 고생할 거 잖아? 그러니까 오늘은 내가 굽는다. 맛있게 먹어."

소맥으로 건배를 여러 번 하고, 입 산책들이 이어졌다.

주영이는 중학생 때부터 알고 지낸 친구다. 대기업에 취업하고 결혼하고 아이 셋을 낳으면서 경력 단절이 됐는데 이후 설계사가 되고, 지점장이 되고, 매니저가 되고 오랜 시간 나의 손발이 되어 준 인재다. 내게 배웠지만 나보다 더 잘한다고 소개하는 탁월한 인재다.

영란이는 제주도가 고향인 친구다. 공기업에 다니는 남편 덕에 일을 해도 그만 안 해도 그만, 한량인 친구다. 평촌으로 이사 온 건 자녀들 교육 때문이라고 한다. 부모님이 제주도에서 귤 농사를 하는데 형편도 좋은 것 같다. 한량이지만 전산을 어려워하는 어르신들이 '영란아! 영란아!' 부르면 한걸음에 달려가 해결을 해 준다. 한량이지만 따뜻한 인재다.

한량을 리더로 만드니 사사건건 대꾸다. 가끔은 당황스럽다. 본인도 아는지? 어느 날 훅 날린 한마디에 한바탕 웃기도 했다.

"본부장님한테는 대꾸하다가 거기까지만 하잖아! 더하면 죽어! 거기까지가 중요해."

지금 영란이는 1지점 리더다. '인사상신권'을 활용해 리더로 만든 케이스다. '인사상신권'은 인사권을 보고하는 권리다. 보고하면 상황에 따라 회사가 승인하기도 하고 거절하기도 한다. 1지점 리더에서 승격하면 8지점장이 된다. 이번 분기에 승격하려고 고군분투 중이다.

술이 들어가니 목소리가 커졌다.

"영란아 리더는 말이야, 사원들이 할 말 다 하잖아? 편한 말? 불편한 말? 다한단 말이지? 그런데 편한 말은 들어 주면서 맞장구쳐도 되지만 불편한 말은 함부로 맞장구치면 안 돼! 불편한 말은 대부분 누군가를 험담하는 말이거든, 나도 모르게 맞장구치다 보면 무심결에 훅 나가는 말이나 표정들이 있어, 그걸 상대가 모를까? 알아챈단 말이지! 그게 서운함으로 쌓이면 사원들을 잃게 된단 말이야! 가끔 맞장구를 못 칠 땐 지금 '네 말이 무슨 말인 줄 알겠는데 내가 무심결에 맞장구치면 상대에게 실례하는 일이 발생하니까 못 해줘서 미안하다.'고 정중하게 거절해. 그게 여러 번 반복되면 맞장구 안쳐도 서운해 안하고 또 상대를 험담할 때 옳고 그름을 분별해 주는 능력도 생겨."

"본부장님 진짜 맞는 말씀이에요. 제게 꼭 필요한 말씀이에요. 실은 누가 뭐라고 얘기하면 처신을 어떻게 해야 할지? 갈등 생길 때가 있었거든요. 정중하게 거절하면 되는 거네요? 미안하다고! 이제 알겠어요."

나는 이렇게 한량을 인재로 만들어 간다.

며칠 전 연예 기사를 봤다. 이휘재와 신동엽을 비교한 기사였는데, 10년 전엔 이휘재가 방송국 연말 시상식 사회를 휩쓸었는데 요즘은 신동엽으로 바뀌었단다. 이유는, 같은 개그맨이지만 이휘재는 남을 디스하며 개그를 하고, 신동엽은 본인을 디스하고 상대를 존중하고 배려하는 개그를 해서라고 한다.

사원들이 누군가를 디스하면 정중하게 말하라. 본인의 표현에 호응 못
해서 미안하다고!

소 한 마리가 죽으면 남은 99마리도 죽일 것인가?

If one cow dies, will you also kill the remaining 99?

일하다 보면 사람을 골라 만날 수 없다. 얼굴에 못돼 먹은 사람이라고 쓰여있지 않으니 부닥치면서 깨달을 수밖에 없다. 됨됨이가 된 사람과는 깊은 관계를 만들지만, 태생이 못돼 먹은 사람과는 관계를 청산하게 된다. 청산하는 과정은 힘도 들고 상처도 남긴다.

부곡에는 **문구점이 있다. 첫째 아들이 운영하다 백혈병으로 사망하자, 둘째 아들이 운영했는데 실질적인 운영권자는 모친이다. 딸은 내가 살던 우성아파트 앞에서 미용실을 했다. 딸은 미용실에 오는 손님들에게 엄마가 부자라고 은근히 자랑하며 못된 엄마라고 흉도 많이 봤다. 그러다 모친을 소개했다. 김장철이었는데 진눈깨비가 날리던 유난히 추운 날이었다. 약속된 시간에 방문하니 건물 앞에서 배추를 다듬으며 소금에 절이고 있었다. '왔어?'라는 인사뿐 다른 말이 없다. 끝날 기미는 안 보이고, 멀거니 서 있으니 추워서 견딜 수가 없다. 빨리 끝나지 않을까 싶어 도와주려니 야멸차게 뿌리쳤다. 시간이 걸리면 갔다가 오라고 하든지? 이런저런 말도 없이 벌서는 기분으로 기다려야 했다. 그렇게 두 시간쯤 지나고 끝이 나자, 집으로 들어가자고 한다. 3층으로 올라가 서류를 꺼내 서명받으려는데 손이 얼어 서류를 넘기기조차 어려웠다. 간신히 마치고 계단을 내려오는데 다리가 후들거렸다.

며칠 감기 몸살을 앓았다. 그리고 얼마 후 미용실에 가니 딸이 그날 있었던 이야기를 하며 모친이 한 말을 전했다. '남미순 씨 보험 성공하겠던데 보통이 아니야!' 모친을 대신해서 사과인지? 모를 칭찬을 했다.

이후 문구점 모친은 보험금 청구를 많이 했다. 허구한 날 다쳤고, 허구한 날 아프다고 했다. 그때마다 나를 알뜰하게 사용했다. 내가 필요할 땐 다정하게 전화했지만, 불만이 생기면 표독스럽게 괴롭혔다. 아들이 사망하자, 누락된 타사보험금을 청구해 줄 땐 다정함이 극에 달했는데, 어느 날 선물 한번 까먹었다고 돌변해서 공격할 땐 감당하기 어려웠다. 그건 내게만 그런 게 아니었다. 오죽하면 딸이 야반도주했겠냐고? 딸이 야반도주한 후 딸이랑 친하게 지낸 이웃 언니를 괴롭혀서 참다못한 이웃 언니의 남편이 한바탕 욕을 해대고 차단했다고 얘기해서 알았다. 나는 고객이라 차단도 못 하고 속수무책으로 당했다.

어느 날 명절선물을 직접 배달하려다 깜빡했는데 난리가 났다. 핑계는 업무를 문제 삼았는데 딱히 문제도 없었다. 며느리를 앞세워 회사로 찾아와 행패를 부려대더니 결국 담당자 변경을 요청했다. 다행히 병원에서 알게 된 설계사가 있다고 했는데, 같은 권역 설계사라 얼른 넘겨줬다. 10년을 시달렸는데 앓던 이 빠진 기분이 이럴까?

표독스럽게 나를 괴롭힐 땐, 말로 표현 못 할 만큼 아주 힘들었다. 그때마다 나를 위로하고 일으켜 준 우화가 있다.

'어떤 농부가 의욕에 넘쳐 소를 100마리를 샀다고 한다. 열심히 돌봤는데 6개월이 지나자, 소 한 마리가 병들어 죽었다고 한다. 애지중지 키운 소 한 마리가 죽자, 상심한 농부는 나머지 99마리 소들도 다 죽을 거라 크게 낙담하고, 모조리 죽여버렸다고 한다.'

지금 여기서 그만두면 그 농부와 무엇이 다른가? 나는 99마리의 소를 990마리, 9,900마리로 키워야 했다.

몇 년 전 회사에서 보유 고객 수가 가장 많은 설계사를 뽑으니 내가 일등이란다. 보유 고객 수가 6,000건이 넘는다, 했다. 나는 입사한 지 5년이 지났을 무렵부터 1,000건이 넘어 보유 계약 명세가 한 번에 내려받기가 안돼, 명절 때마다 선물을 보낼 때 애를 먹었다. 생각해 보니 지금은 본부장이 되어 9,900건 이상을 관리하게 된 셈이다. 다짐이 현실이 된 셈이다.

강의 때마다 '소와 농부' 우화를 얘기하며 지금 당신을 괴롭히는 한 사람 때문에 전부를 버리는 우를 범하지 말라고 한다. 우리는 얼마나 많은 우를 범하는가? 감정 때문에 다 버리고, 상처 받았다고 다 버리고, 자존심 상한다고 다 버리고, 조금만 힘들어도 다 버린다.

모든 일에는 반대급부가 있는 법이다. 반대급부를 급부로 만들 줄 아는 지혜가 필요하다. 냉철하게 스스로를 돌아보면 급부를 만들 줄 아는 지혜가 생긴다. 나를 돌아보게 하는 가장 좋은 자극제는 뭐니 뭐니해도 독서다. 요즘 나는 회사에서 운영하는 독서 토론과 글쓰기로 나를 다시 돌아보는 중이다. 글쓰기도 나를 돌아보는 최고의 도구다.

추천사

김용범
메리츠 금융지주 대표이사

남미순 본부장님은 연도 대상을 수차례 받을 만큼, 메리츠 화재에서 가장 보험 영업을 잘하신 설계사였습니다. 지난 2014년 연도 대상 때에는 제가 직접 영예의 대상 트로피를 전달해 드리곤 했습니다.

그 후, 2016년 7월 성별, 나이, 학력의 제한 없이 본인 노력으로 설계사에서 팀장, 지점장, 본부장이 될 수 있는 사업가형 본부장 제도를 도입하였는데, 당시 남미순 팀장님 또한 "본부장을 꿈꾸는 회사" 비전을 가지고 성장하며, 2019년 본부장 자리에 올랐습니다.

속옷 봉제 공장에서 미싱질 하던 그녀는 메리츠 화재 설계사가 되었고, 전국에서 가장 영업을 잘하는 보험왕이 되었고, 거기에서 머무르지 않고 이제는 230명의 설계사 조직을 이끄는 본부장이 되었습니다. 미국에서 햄버거 패티를 굽던 청년이 훗날 맥도날드 CEO가 되었듯이, 저는 메리츠화재 전속 채널의 변화 혁신을 통해, 설계사가 본부장이 되고 회사 임원까지도 올라가는 성장 사다리를 만들고자 했습니다. 지금 남미순 본부장님은 한 단계씩 밟고 올라가고 있는 중입니다.

남미순 본부장님을 비롯해 조직의 리더로 성장해 나가고 있는 본부장님들과 함께, 2022년 5월 독서경영의 일환으로 북클럽을 처음 시작하였습니다. 매달 한 권의 책을 읽고, 독후감을 쓰고, 독서토론을 하고, 과제를 실천하는 등 좋은 습관을 갖고자 노력하였습니다.

첫 북클럽 자리에서 저는 이렇게 말했습니다.

> "현실에 안주하지 않고, 가슴 뛰는 담대한 목표를 가지고 업계 1위를 달성하는 게 우리 메리츠화재가 꾸는 꿈이다. 회사는 CEO 그릇의 크기만큼, 본부는 본부장 그릇의 크기만큼 성장할 것인데, 그릇의 크기를 키우는데 북클럽만큼 도움 되는 건 없을 것이다.

> 책을 읽는다고 해서 사람이 변할까. 변하지 않을까? 책이 과연 사람을 변화시킬 수 있을까, 없을까? 몇 년 전부터 독서경영을 준비하면서 고심한 질문인데, 성공한 사업가, 조직을 성장시킨 리더 곁에는 항상 책이 있었다.

> 북클럽은 본부장이 평일 일과시간에 해야 할 중요업무 중 하나가 될 것이다. 처음에는 모두가 낯설고, 모두가 어색할 수 있다. 기회는 동일하게 주어졌으나, 결과는 마음가짐에 따라 분명 차이가 날 것이다.

책 속에 길이 있다. 스타벅스 커피 두 잔 값으로 동서고금을 가로지르는 현인들의 지혜를 얻는다면, 여기 계신 본부장들은 분명 존경받는 리더로 성장할 것이다.

그렇게 시작된 북클럽이 지금까지 3년 동안 꾸준히 이어졌습니다. 그리고, 오늘 남미순 본부장님의 첫 번째 책이 나왔습니다.

저도 책 원고를 읽으면서, 남미순 본부장님께서 어떤 삶을 살아오셨는지 조금은 알게 되었습니다. 손수레를 끌고 시장 돌면서 고객분들에게 명절 선물 돌리던 것이, 이제는 5톤 트럭을 써야만 될 정도로 커졌다는 이야기를 비롯해 흥미로운 내용이 많았습니다.

또한, 책을 읽고, 글을 써나갔던 노력이 그녀에게 얼마나 큰 영향을 끼쳤는지 알 수 있었습니다. 자다가도 새벽 3시면 눈을 떠서 무작정 뭔가를 쓰려고 했던 노력, 더 잘하기를 바라는 마음에 설계사한테 했던 잔소리나, 기타 여러 본부 내 일들을 그녀는 하루하루 되돌아보면서 기록으로 남겼습니다.

본부를 이끌어 간다는 게 참 쉽지 않은데, 더군다나 남미순 본부장님 같이 영업을 잘하셨던 고능률 설계사 출신 본부장 입장에서는, 훌륭한 축구 선수가 훌륭한 감독이 되기 어려운 것처럼, 쉽지 않았을 것 같습니다.

아무도 가르쳐주지 않았고, 어디 가서 배울 수도 없었던 지혜와 통찰을 그녀는 메리츠화재 북클럽을 통해 배우고 느꼈습니다. 뿐만 아니라, 즉시 실천으로 옮기고, 몸소 부딪쳐 보면서 본인만의 것으로 만들었습니다.

저는 이 점에서 남미순 본부장님의 금번 책이 의미가 있다고 생각합니다. 한 명의 훌륭한 설계사에서, 한 명의 훌륭한 본부장으로 성장해 나가는 일상을 담고 있습니다. 맛깔스레 술술 읽히는 그녀의 글솜씨는 덤입니다.

책을 읽으면 변화할 수 있고, 또한 그 변화를 통해 어떻게 성장해 나갈 수 있는지 궁금한 분들은 이 책을 꼭 읽어보시길 권합니다. 그녀가 살아온 이야기를 읽으면서, 많은 독자분께서도 재미와 감동을 얻으시길 바랍니다.

감사합니다.

추천사

한근태
한국리더십 센터 소장

메리츠화재에서 북클럽을 시작한 지 2년이 넘어간다. 지난 2년간 개인도 조직도 엄청난 성장과 변화를 했다. 주가는 2만 원 정도에서 지금은 9만 원이 넘고 시가총액은 지난 10년간 10배 이상 올랐다. 물론 김용범 부회장의 리더십이 핵심인데 그중 가장 눈에 띈 건 설계사와 본부를 사업가형으로 바꾼 것이다. 처음에는 반발도 많았지만, 덕분에 개인도 부자가 됐고, 회사도 엄청나게 성장했다. 월급쟁이 본부장을 사업가로 바꾸면서 부자가 된 스타들이 많은데 저자도 그중 한 명이다. 그녀는 전형적인 개룡녀다. 개천에서 용이 된 대표적인 케이스다. 집이 어려워 방직공장에서 일을 하면서 고등학교를 마쳤다. 한 손에 망치 들고, 다른 손에 책을 들고 살았다. 주경야독한 셈이다. 누구보다 열심히 살았지만, 누구보다 시련이 많았던 사람이다. 돈 좀 모아 놓으면 돈 쓸 일이 생겨 돈을 모으기 어려웠던 것 같다. 형제가 결혼할 때 돈을 보탰고, 아픈 남동생을 고치겠다고 이리저리 뛰어다녔다. 집안 대소사는 다 그녀가 했던 거 같다. 요즘 말로 오랫동안 소녀가장을 했다. 어떻게 저렇게까지 초년이 힘들었을까 측은지심이 생긴다. 그녀의 글을 고치면서 뭉클한 순간도 많고, 눈물을 흘리기도 했다. 어쩜 저렇게 고생을 많이 할 수 있을까 하는 생각이 들었다. 그래서 중간에 자살할 생각은 하지 않았는지 물었는데 그런 적은 없다고 한다. 보통 사람은 아니다. 그 와중에 열심히 책을 읽고 시도 썼다. 그녀는 글을 잘 쓴다. 술술 잘 읽힌다. 그녀는 머리가 좋은 사람이다. 환경 때문에 제대로 된 과정은 밟지 못했지만, 만약 제대로 공부했다면 스카이는 일도 아니었을 것이다. 머리에 광주리를 지고 산 넘고 물 건너 물건을 팔러 다니던 어머니를 닮아서인지 체력도 무지 좋다. 눈치가 빠르고, 이해력이 높다. 실행력은 갑이다. 생각이 바로 실천이다. 사주도 잘 보고 설명도 잘한다. 무엇보다 사람들에게 잘 베푼다. 그녀에게 쌀도 얻었고, 신간을 내면 기본으로 100권은 샀다. 보험에서 가장 중요한 도입(새로운 사람을 뽑는 것)도 무지 잘하는데 한번은 지인 중 건강 식품 관련 일하는 사람을 그녀에게 소개했는데 거꾸로 그녀가 보험설계사가 됐다. 세상에 이런 일이 있을까, 싶다. 지금 하는 보험업과 잘 맞아 돈도 많이 번 것 같다. 만약 "누가 누가 더 고생을 했을까?"란 프로가 생긴다면 난 남미순 본부장이 금메달을 딸 것으로 생각한다. 이 책은 그녀가 살아온 인생의 결과물이다. 그렇게 세상의 온갖 고생이란 고생을 다 했던 그녀가 어떻게 그걸 딛고 일어섰는지를 보여주는 책이다. 사실 내가 이 책을 쓰게끔 설득한 사람이다. 책을 써서 어려운 사람에게 희망을 주라고 설득했다. 좋은 마케팅 수단이 될 것이란 얘기도 했다. 무엇보다 이런 성공 스토리를 혼자만 알고 있는 건 아니라고 생각했다. 좀 더나은 삶을 꿈꾸는 사람, 경제적으로 뭔가 보탬이 되는 일을 하고 싶은 사람, 인생의 터닝포인트를 잡고 있는 사람, 삶이 지루하고 심심한 사람, 돈은 있지만 뭔가 변화를 주고 싶은 사람에게 이 책을 추천한다.

The Secret Of The Rich Is In Sales

부자의 시크릿은 영업에 있다

초판1쇄 발행 2024년 11월 10일
초판2쇄 발행 2024년 11월 11일

지은이 남미순
펴낸이 이지순

편집 성윤석 **디자인** 디자인무영
제작 뜻있는도서출판
경남 창원시 성산구 중앙대로 228번길 6 센트럴빌딩 3층
전화 055-282-1457
팩스 055-283-1457
이메일 ez9305@hanmail.net

펴낸곳 뜻있는도서출판

ISBN 979-11-989617-0-9 03320